Les 5 postures d'autorité

MAÎTRESSE GWENNILI

Les 5 postures d'autorité

SOLAR
de l'école à la maison

Sommaire

Introduction

Je m'appelle Gwennili et je suis professeure des écoles depuis 2020. J'ai enseigné dans différents niveaux, de la petite section au CM2. Chaque journée passée avec mes élèves est une aventure passionnante… et compliquée !

Je travaille auprès d'un jeune public depuis plus longtemps encore puisque j'ai été auparavant animatrice de centre de loisirs. Au fil des années, j'ai appris que capter l'attention des enfants n'était pas une mince affaire. C'est un art délicat, qui nécessite sans doute de l'autorité, mais aussi de la patience, de la bienveillance, et un certain savoir-faire qui s'acquiert dans la pratique.

En effet, mes premiers jours en classe, j'ai eu cette sensation d'être jetée sur le devant de la scène, mais dans un spectacle aux enjeux fondamentaux qui dure toute la journée ! Tous ces petits yeux braqués sur moi, ces « Maîtresse, maîtresse » en continu, ces questions imprévisibles auxquelles je n'étais absolument pas préparée…

Lors de ma première année d'enseignement, j'avais une classe de moyenne section qui était d'un calme rare. Les élèves se comportaient bien, écoutaient bien, travaillaient bien. Lors des visites de mes tuteurs ou de conseillers pédagogiques, on me félicitait pour ma gestion de classe en me disant : « Vous savez, madame, si vos élèves sont si adorables, c'est grâce à vous. La bienveillance attire la bienveillance. » Comment ne pas sentir ses chevilles gonfler, en toute nouvelle enseignante que j'étais !

C'est donc très confiante que je suis arrivée, à la rentrée suivante, dans une nouvelle école, avec des CM1, en REP (réseau d'éducation prioritaire), dans une ville bien plus défavorisée que la précédente. « Vous savez comment poser votre voix, c'est un atout formidable ! » ; « Une maîtresse chanteuse et dynamique, je ne me fais aucun souci pour la suite de votre carrière… » ; « La bienveillance attire la bienveillance. » : je me répétais en boucle les phrases de mes tuteurs, et c'est ainsi, très sûre de moi, que j'entamai ma nouvelle année scolaire.

Douche froide. Les élèves n'avaient pas les mêmes acquis, le même niveau de langue ni les mêmes besoins que dans mon école précédente. Dans cette classe, on s'insultait au moindre regard de travers, on ne restait pas assis sur sa chaise, on répondait à l'enseignant et on négociait sans cesse. L'un de mes élèves, en grande souffrance, âgé de 9 ans, ne savait ni lire, ni écrire, ni compter. Sa détresse était telle que, s'il sentait le moindre jugement de la part d'un tiers, il jetait son bureau à travers la classe, créant la panique générale, et s'enfuyait dans les couloirs.

J'avais l'impression de découvrir un autre monde, un autre métier, mon quotidien était bouleversé et je me noyais dans des réflexions et remises en question sur mes propres capacités.

Qui peut à la fois préserver une autorité sans faille tout en s'adaptant à tous ces profils d'enfants ? Qui peut sincèrement avoir une gestion de classe infaillible, aussi efficace avec des petits de 4 ans qu'avec des élèves de 9 ans en milieu défavorisé, aux besoins diamétralement opposés ?
Comment maintenir ces petits yeux rivés sur moi toute une journée ? Comment capter leur attention ? Les intéresser à mon discours sans discontinuité ? Si je n'y arrivais pas, je perdais ma posture d'autorité, je perdais ma crédibilité, je perdais ma classe, et tout était fichu pour l'année. Le bilan de cette année avec mes CM1 fut un fiasco. Je n'avais pas les outils nécessaires pour tenir une classe aussi énergique. Comme je débutais dans la profession, je n'ai pas osé demander conseil à mes collègues. J'ai eu peur de poser des questions évidentes sur l'autorité, d'apparaître comme une enseignante à qui on aurait donné le concours, bref, je me suis isolée.
Après un arrêt maladie pour dépression et burn-out, j'ai remis mes idées au clair. « Quel est le plus important ? Dans cette situation compliquée, qu'est-ce qui est en mon pouvoir finalement ? Qu'est-ce que je peux changer dans mon comportement, ma posture peut-être ? »
Cette classe était différente de celle que j'avais eue auparavant, elle était certainement plus difficile. Je savais que je ne pouvais pas avoir les mêmes attentes. Je me suis donc dit que ma priorité était simplement de donner envie aux enfants de venir. Leur donner envie de m'écouter. Leur donner envie d'évoluer.

C'est ainsi que j'ai commencé à parler le même langage qu'eux. À les récompenser pour leur bon comportement en leur offrant, par exemple, des activités en lien avec leurs passions. À rire avec eux, beaucoup. À les écouter, à gagner leur confiance, pour qu'ils puissent écouter en retour. Ce n'était

pas évident et j'ai aussi fait beaucoup d'erreurs, car, pour maintenir cet affect, j'ai dû parfois mettre de côté le cadre. Mais si mes élèves ne savaient toujours pas rester assis sur leur chaise, silencieux et concentrés, je savais qu'au moins j'avais réussi à leur donner envie d'apprendre et de participer. C'était une première victoire, mais ce n'était pas suffisant.
À la fin de l'année, je ne cessais de ruminer car j'avais le sentiment de n'avoir pas assez donné, même si j'étais fière d'avoir tissé un vrai lien de confiance entre mes élèves et moi. Je me suis alors réfugiée dans les réseaux sociaux, et j'ai parlé de mon expérience pour nourrir ce lien de confiance. Et Gwennili, la professeure des écoles sur les réseaux, est née.

Les années suivantes, j'ai mis un point d'honneur à préserver un cadre d'autorité, tout en tissant ce lien de confiance avec mes élèves, tous différents. Mais comment faire concrètement lorsque, outre l'âge, les profils et les besoins divergent à ce point ?

Cherchant perpétuellement à capter l'attention de mes élèves, j'ai exploré diverses approches et petit à petit j'ai développé un ensemble de postures d'autorité. J'ai certes commis des erreurs, mais j'ai connu de belles réussites. J'ai testé et mis au point une méthode qui me correspond aujourd'hui et dont je peux reproduire les bases chaque année.

Je suis devenue plus confiante, et ma gestion de classe est maintenant plus solide. Enfin, j'ai des élèves qui savent rester dans le cadre, dans le respect, tout en aimant venir à l'école. Je suis loin de la figure de la « maîtresse parfaite » (qui n'est d'ailleurs qu'un mythe !), mais j'ai progressé.

Les réseaux sociaux m'ont beaucoup confortée dans mon approche personnelle de l'autorité. Et j'ai commencé à partager en ligne mon quotidien d'enseignante, et peu à peu je me suis rendu compte que j'étais suivie par de nombreux collègues, animateurs, étudiants souhaitant se lancer dans l'Éducation nationale, mais surtout beaucoup de parents.
Ils me demandaient : « Comment faites-vous pour les rendre heureux, tout en réussissant à leur imposer cette corvée de l'apprentissage ? » ; « Quel type d'autorité mettez-vous en place ? » ; « Comment arrivez-vous à avoir une gestion de classe à la fois ferme et amusante ? » Ce sont toutes ces questions qui m'ont poussée à écrire cet ouvrage. J'aurais aimé avoir les réponses plus tôt, j'aurais ainsi évité un trop-plein émotionnel, ainsi que toutes les erreurs que j'ai commises lors de mes premières expériences en classe, de crainte d'être jugée.

J'ai constaté qu'en fait, chaque année, je me produisais devant ma classe, j'agissais comme une comédienne de théâtre. Pour maintenir mon autorité et garder l'attention de mes élèves, j'ai adopté une approche nouvelle devant mes élèves, un système avec des rôles.
J'incarne cinq différents personnages qui font des apparitions régulières et rythmées en fonction de la situation, des besoins, et du message à transmettre.
Ces incarnations ont véritablement transformé ma salle de classe en un lieu d'apprentissage joyeux, épanouissant et calme. Mais le défi d'exercer une autorité positive ne se limite pas à l'école.

Avec ce livre, je souhaite partager avec tous les parents et éducateurs ces cinq postures que j'ai définies sous la forme de personnages populaires connus des enfants :

Je développerai dans le premier chapitre leurs caractéristiques et expliquerai dans quels cas les incarner.

Et je vous donnerai ensuite des conseils et des exemples de mise en pratique, forgés au fil de mes expériences avec des classes hétérogènes de 25 élèves en moyenne, de tous âges et tous profils.

En tant que parent, vous pourrez endosser ces rôles tour à tour selon les circonstances, pour construire un cadre, instaurer votre autorité et créer des liens de confiance avec votre enfant.

Bienvenue dans cette grande aventure de l'éducation où chaque posture est une clé pour ouvrir les portes d'une autorité soutenue, grâce à la théâtralisation.

CHAPITRE 1

Les 5 personnages à incarner

Il était une fois, dans le merveilleux royaume de l'éducation, cinq personnages magiques capables de guider parents et enseignants dans leur noble mission : accompagner l'enfant sur le chemin de la croissance et du savoir.

Chacun de ces personnages incarne une facette essentielle de l'éducation. En les interprétant comme au théâtre – mieux : en les incarnant –, vous adopterez facilement des postures d'autorité et de réconfort, justes, efficaces et adaptées aux diverses situations de la vie quotidienne avec votre enfant. Parfois vous associerez deux personnages afin de moduler votre réponse (par exemple, le Justicier pour le rappel des règles, puis l'Âne, qui symbolise l'humour). En jouant à tour de rôle ces cinq personnages, vous offrirez un cadre, vous réussirez à établir une relation de respect et de confiance mutuelle avec votre enfant, qui durera toute la vie.

Remarque : le nom des personnages n'est donné qu'à titre indicatif, je les vois plutôt comme des archétypes, représentant des modèles. Il n'est évidemment pas utile de dire à votre enfant que vous endossez tel ou tel personnage ; c'est votre posture, votre façon d'être ce personnage qui compte.

LE DRAGON, LE GARDIEN DES LIMITES

Ce personnage se trouve au commencement de toute aventure éducative, c'est une figure majestueuse, impressionnante. Il représente le gardien vigilant, qui défend les fondations du respect et du savoir. La présence du Dragon plane, mais son grondement doit demeurer le plus possible endormi dans son antre, prêt à se réveiller lorsque survient le chaos.
Comment fait-il donc pour imposer les limites à ne pas franchir – et les faire respecter par votre enfant ?

Portrait du Dragon

Au cœur du royaume éducatif, le Dragon est la vigie des limites et des règles. C'est un être imposant, qui symbolise l'autorité nécessaire pour encadrer votre enfant. Celle-ci ne doit pas être oppressive. Tout en restant assoupi dans sa caverne, le Dragon exerce de cette manière *une présence dissuasive*, prévenant ainsi l'insolence, l'irrespect ou la rébellion. Les limites qu'il établit définissent un cadre sécurisé où votre enfant pourra s'épanouir. Imaginez un grand et noble dragon, aux écailles étincelantes, gardien des frontières du royaume de l'éducation. Sa voix tonitruante résonne, rappelant constamment les règles qui balisent le chemin de l'apprentissage au jeune aventurier ou à la jeune aventurière rebelle. Attention, ce n'est pas un gardien tyrannique, mais plutôt un guide sage, prêt à intervenir lorsque la nécessité se fait sentir. En outre, le Dragon, en tant que gardien des valeurs, enseigne que le respect des règles est indispensable au bien-être collectif.

Comment l'incarner

Une règle simple : le ton froid impressionne bien plus que le cri permanent.

MON EXPÉRIENCE D'ENSEIGNANTE

À l'école primaire, j'enseigne à des classes parfois très dynamiques. Évidemment, je suis loin d'être un robot ou une Mary Poppins toujours parfaite et souriante. Il m'arrive d'être confrontée à des enfants désobéissants, turbulents, qui peuvent me pousser à bout ou qui entraînent d'autres camarades, installant rapidement le chaos si on se laisse faire.

Il y a quelques années, j'avais une classe de moyenne section, constituée comme souvent de petits êtres tous aussi adorables les uns que les autres, mais qui, une fois regroupés, défiaient n'importe quelle figure d'autorité - dont la maîtresse !

Après seulement trois semaines, j'étais au bord du burn-out tant je n'arrivais pas à les canaliser... Jusqu'au jour où j'ai adopté la bonne posture.

Un mercredi après-midi, j'étais venue travailler à l'école, sans ma classe. Le hasard a fait que mes charmants élèves se trouvaient alors avec une animatrice du périscolaire dans la pièce à côté de la mienne, pendant le « temps calme ». Surprise, je les entendais crier et sauter sur leur tapis de sieste : « On fait le roi du silence ! » ; « Youpi ! » ; « Ouiii, on fait le roi du silence ! » au lieu de se reposer. Mon sang de maîtresse n'a fait qu'un tour ; je pensais à cette pauvre animatrice débordée, ainsi qu'aux autres enfants cherchant le calme, perturbés par ceux profitant d'une absence de cadre pour faire régner leur loi.

C'est alors que, d'un geste ferme, j'ai convoqué le personnage du Dragon. Je me suis redressée, droite et fière. Le pas assuré, lentement, le visage fermé, j'ai ouvert la porte de la salle de sieste.

Ai-je crié ? Non. Car c'est là la clé, toute la force du Dragon. Plus le Dragon pousse régulièrement son cri, moins celui-ci a de la valeur. Une figure d'autorité impassible et ferme impressionne bien plus un enfant qu'une autorité qui se montre sans arrêt au maximum de son débordement.

J'ai ouvert cette porte, et j'ai simplement poussé un « OOh ! » faussement amusé. Ma voix se projetait comme si je m'adressais à des personnes au fond d'un amphithéâtre, en utilisant une tonalité de poitrine (comme celle utilisée par des comédiens sur scène). N'allez surtout pas dans les aigus, c'est une tonalité que les enfants associent à la leur et qu'ils ne considèrent pas comme autoritaire. Et vous ne ferez qu'abîmer vos cordes vocales. Ensuite, j'ai lentement toisé la pièce. Chaque fois que mon regard tombait sur un enfant qui n'était pas allongé, je haussais les sourcils avec un air souverain de jugement, laissant sous-entendre : « Très bien... Je t'ai vu, je prends note. »

J'ai ajouté d'une voix plus calme encore, en prenant soin de garder le visage extrêmement fermé : « C'est très simple. C'est l'heure de la sieste et l'on entend que vous dans toute l'école. C'est un immense manque de respect pour les petits qui dorment et ceux autour de vous qui souhaitent se reposer. Je suis très déçue. J'espère ne pas avoir à revenir et l'être encore plus... Vous savez tous pourquoi. »

Ce discours semble très calme, mais ajoutez à cela une voix ferme, des yeux perçants et une posture confiante : cela a un immense impact.

Les enfants se sont aussitôt calmés et recouchés. De mon côté, j'ai pu retourner travailler dans ma salle de classe, laissant cependant mon oreille traîner pour vérifier que mon discours avait été compris.

Évitez les cris

Évidemment, s'il vous arrive de crier, ce n'est pas grave. Lorsque l'on est excédé, on a envie de crier. Ne culpabilisez surtout pas d'avoir une patience limitée. C'est humain ! Moi aussi j'ai perdu patience un bon nombre de fois. Sachez cependant qu'un enfant qui aura l'habitude de vous entendre crier connaîtra déjà votre plein potentiel et le trouvera banal. Si le cri est votre unique recours et qu'il intervient à chaque moment de crise, il perdra de son effet. Pour parler de façon plus concrète, évitez de crier plus de trois fois dans le mois. N'oubliez pas : **le murmure d'un dragon est bien plus convaincant que son hurlement.**

Comment créer un cadre structuré

Vous arriverez à vos fins si votre autorité est bien installée. Il faut donc d'abord mettre en place ce cadre.
Le Dragon joue un rôle essentiel dans la création d'un cadre structuré. Les enfants, tels des aventuriers en herbe, ont besoin de limites claires pour comprendre les contours de leur monde. À l'intérieur de ce cadre tracé par le Dragon, ils pourront acquérir de nouvelles compétences et développer leur personnalité, en sécurité.
Sachez-le : un monde sans limites n'est pas un monde bienveillant. Si les limites ne sont pas d'emblée tracées à la maison, l'enfant sera de toute façon amené à s'y confronter plus tard, dans la sphère sociale, à l'école, dans les loisirs ou dans le monde du travail. Car chaque société a des règles, et la liberté de chacun s'arrête dès que l'on entrave le bien-être des autres. Loin d'être tyrannique, le Dragon est juste et explicite : c'est lui qui rappelle les règles et juge quand elles ne sont pas respectées.

La sanction

Une fois les règles explicitées, quand celles-ci sont violées, le Dragon sanctionne. Contrairement à la punition, la sanction est toujours justifiée, expliquée et proportionnelle à la faute commise. L'enfant sait ce qu'il a fait de mal, l'enfant sait pourquoi c'est mal, l'enfant sait pourquoi il est sanctionné.

C'est pourquoi il est important d'établir des règles fixes et de les expliquer à votre enfant dès son plus jeune âge. Le Dragon peut donc être bienveillant (et juste) quand l'enfant dépasse une limite qui n'avait jusque-là pas été abordée.

Exemple : imaginez votre enfant de 3 ans qui vous entend dire un gros mot et le répète par mimétisme, sans savoir qu'il s'agit d'une bêtise. Il est alors puni dans sa chambre ou privé de jouets. Certes, il comprendra qu'il a fait une erreur, par déduction, mais la sanction n'est pas proportionnée car il n'avait pas conscience des limites. Donc montrez de l'indulgence vis-à-vis de votre enfant s'il dépasse une limite dont il n'avait pas connaissance, que vous ne lui aviez explicitée.

Pour autant, il est préférable d'éviter de lui dire qu'il a fait une erreur tout en arborant un grand sourire ou en le cajolant. Si votre enfant a commis une bêtise, faites-le-lui comprendre en adoptant une posture mécontente et plus distante.

« Ce ne sont pas des mots qu'il faut dire, parce qu'ils veulent dire des vilaines choses. Parfois ils échappent de la bouche des adultes, mais ce n'est pas beau et c'est parfois méchant. Donc dans la bouche des enfants, on ne doit pas les entendre non plus. J'ai été clair(e) ? »

Expliquez bien en quoi ce n'est pas une bonne chose, et assurez-vous que votre discours est compris. Il doit être concis et bien compréhensible. Ensuite, assurez-vous que votre enfant a saisi que, maintenant que la règle est définie, s'il ne la respecte pas, la prochaine fois, il y aura une sanction.

Si vous donnez une sanction et que votre enfant pleure, c'est dur, mais ne flanchez pas.

Quand je suis très fâchée, je me permets de leur dire : « Tu sais quoi ? Je suis rassurée que tu pleures. Ça me prouve que ça te touche, que tu n'es pas content. Et si c'est le cas, je sais que tu n'auras pas envie que cela se reproduise. »

Mettre en place une sanction prouve que chaque acte a une conséquence, positive ou négative. Notre société a des lois et une justice, que votre enfant doit intégrer pour assurer son insertion en grandissant, sans frustration ni bouleversement.

Comment limiter la rébellion

La rébellion fait partie intégrante du processus de croissance, mais elle doit être canalisée de manière constructive. Le Dragon enseigne que certaines limites sont nécessaires pour garantir un équilibre entre l'exploration individuelle et le respect des règles collectives. Il représente la voix de la raison, appelant l'enfant à la réflexion avant d'agir impulsivement.
À ce moment précis du développement de l'enfant, l'insolence et l'irrespect peuvent entraver le cheminement éducatif. Le Dragon, par sa présence imposante, établit des normes de comportement, invitant l'enfant à considérer les conséquences de ses actions. Finalement, c'est un guide, rappelant que le respect envers les autres est une pierre angulaire de toute société équilibrée.

Le respect doit être mutuel

En tant qu'adulte et figure d'autorité, vous avez la connaissance des dangers de la vie et des règles importantes à respecter. En les transmettant à votre enfant, vous lui permettez une meilleure insertion sociétale qui lui sera utile toute sa vie. Vous détenez ce savoir qu'il n'a pas, et c'est pour cette raison que c'est vous qui devez avoir le dernier mot.
Vous êtes responsable du bien-être futur de votre enfant. Vous êtes responsable de son éducation. Vous êtes responsable des valeurs morales à lui inculquer. Et c'est dans ce cadre que se manifeste votre respect pour lui, car vous l'avez mis en place

pour le bon déroulement de son développement. Ne l'oubliez jamais.
Si votre enfant, de son côté, comprend que vous agissez pour lui, pour son bien et que vos intentions ne sont pas égoïstes mais justifiées, il se doit de vous écouter et d'agir en fonction. En grandissant, peut-être pointera-t-il certaines de vos contradictions, avec raison – cela arrive à tout le monde de se tromper ! – mais en aucun cas il ne doit perdre le respect à votre égard, notamment dans sa façon de vous présenter vos erreurs. Votre charisme grandira si vous acceptez facilement vos torts, sans perdre votre confiance en vous. « OK, tu as raison là-dessus, chapeau bas ! » pourriez-vous dire à votre enfant qui vous contredit sans irrespect.

Comment avoir le dernier mot

Il ne s'agit pas que l'adulte ait le dernier mot à tout prix. En fait, l'enfant doit comprendre et accepter que la figure d'autorité doit avoir le dernier mot pour respecter les règles de vie en communauté, pour le bien-être de chaque personne. Vous êtes l'adulte, vous représentez la loi au sein de votre foyer. Votre enfant sera confronté aux règles d'une école, d'un établissement, d'une entreprise, d'un gouvernement.
« Oui, je sais, parfois la vie est frustrante ! C'est dur, hein, d'y faire face soudainement quand c'est la première fois ! Mais regardez les adultes autour de vous, quel miracle ! Nous avons survécu ! Et, oui, on ne peut jamais tout avoir ! Allez, maintenant vous baissez tous d'un cran, et vous acceptez qu'il n'y ait pas de ping-pong dans une cour verglacée. De toute façon l'accès est fermé », disait une de mes collègues enseignante, de sa plus belle voix de Dragon, confrontée à l'insolence de ses élèves de CM2.

Vous avez le pouvoir du dernier mot, vous l'aurez toujours, même en le prononçant pour donner raison aux arguments de votre enfant. Cependant, pour éviter que celui-ci ait un sentiment d'injustice ou perde confiance en vous, exercez ce pouvoir de façon explicite, justifiée et claire.

Conseils pratiques pour intégrer le Dragon dans l'éducation

Mettez en place des limites. Elles doivent être simples, formelles, justifiées et précises. Exemples :

- Ne cours pas dans la cuisine car tu peux te blesser ou faire tomber quelque chose de fragile.
- Ne crie pas car cela peut déranger, réveiller, énerver, déconcentrer ceux qui t'entourent.
- Ne tape pas, cela fait du mal et c'est méchant.
- Si quelque chose te dérange, utilise la parole comme un être humain, ne fais pas aux autres ce que tu ne veux pas qu'on te fasse, sauf en cas de légitime défense, etc.

Hiérarchisez ces sanctions. Sanctionnez de façon proportionnelle selon l'importance de la faute, à partir du moment où l'enfant a conscience qu'il vient de transgresser une règle.

Exemples de sanctions : donner un de ses jouets à sa petite sœur s'il a détruit la poupée de celle-ci volontairement ; interdire les écrans le soir même et le lendemain s'il n'a pas voulu faire ses devoirs ; le priver de sortie chez un copain samedi soir s'il a tapé quelqu'un ou parlé méchamment.

Faites durer les sanctions dans le temps s'il y a récidive.

Ne criez pas trop. Crier, cela arrive, mais évitez de le faire régulièrement, car votre autorité diminuera.

Privilégiez une voix de poitrine (comme celle utilisée par des comédiens sur scène ou un professeur dans un amphithéâtre rempli d'étudiants). Évitez une voix de tête stridente car elle n'impressionne pas les enfants et vous risquez simplement une extinction de voix.

Ayez confiance en vous. Pour impressionner, mettez en avant votre posture majestueuse, vos yeux perçants et un ton calme et froid. Témoignez votre mécontentement : froncez les sourcils et ouvrez grands les yeux en parlant lentement... Effet garanti !

Ayez toujours le dernier mot, même si vous donnez raison à votre enfant. N'oubliez pas : vous agissez pour son bien, vous le respectez en lui transmettant votre savoir. Lui vous respecte en vous écoutant et en appliquant vos conseils.

LE JUSTICIER, LE GARANT DE L'ORDRE ET DE LA CONFIANCE

Au royaume de l'éducation, le Justicier se dresse comme le gardien de l'ordre et de la justice. Ce personnage représente la sécurité, la confiance. L'enfant peut compter sur lui. Le Justicier est capable de maintenir un équilibre entre la fermeté et l'écoute.

Portrait du Justicier

Le Justicier, figure stable et rassurante, est important dans le développement de l'enfant. Imaginez un superhéros prêt à intervenir à tout moment pour résoudre les conflits, établir la justice, dans un environnement pacifique. Voilà le Justicier ! Et vous savez à quel point les enfants adorent ce type de héros. Son rôle ne se limite pas à intervenir lorsqu'un conflit éclate, il se charge aussi de la prévention et, dans sa sagesse, aide à mettre en place une communication ouverte.

Comment l'incarner

Lorsqu'un différend surgit entre des enfants, le Justicier se déploie avec calme et détermination. Il agit comme un médiateur, encourageant les parties concernées à exprimer leurs sentiments et leurs préoccupations.
Le Justicier favorise ainsi une résolution pacifique des conflits, enseignant aux enfants l'importance du dialogue et de la compréhension mutuelle.

> **MON EXPÉRIENCE D'ENSEIGNANTE**
>
> Dans ma classe de CP, un élève se démarquait par son comportement turbulent. Il poussait dans les rangs, bousculait ceux qui l'approchaient d'un peu trop près… Bref, il

peinait dans ce qu'on appelle le vivre-ensemble. Chaque fois qu'il se montrait brusque avec ses camarades, je séparais les enfants et j'incarnais le personnage du Dragon pour le sanctionner. Mais un jour, dans un cas bien particulier, le Justicier fit surface.

En effet, j'avais constaté que cet enfant ne mentait jamais et qu'il assumait pleinement ses actes lorsqu'il avait transgressé une règle. Cette honnêteté déconcertante et peu habituelle fit que j'avais une confiance inébranlable dans ses propos.

Un jour, c'est lui qui fut bousculé par un autre élève. Il vint me voir pour en parler et, aussitôt, j'ai pris sa parole en considération en insistant sur la confiance que je lui vouais :

« Tu ne m'as jamais menti ; bien sûr que je te crois. Et tout comme j'ai pris la défense de camarades que tu as pu embêter un jour, aujourd'hui c'est à toi que je viens en aide, parce que n'importe qui aimerait être défendu, et tu le mérites au même titre que les autres. Quand tu fais une bêtise, c'est toi que je gronde, mais quand tu subis la bêtise, c'est toi que je protège. »

Dès lors, une confiance mutuelle s'est installée entre lui et moi, parce que le Dragon a laissé place au Justicier, défenseur et juge équitable.

« S'il t'arrive quelque chose et que tu es victime, je suis là pour te protéger, tu peux me faire confiance. »

Plus tard, j'ai constaté que des enfants d'autres classes venaient me voir pour résoudre des conflits durant la récréation. Ils se disaient : « Je sais qu'elle va gronder ceux qui nous embêtent, pour nous protéger, au lieu de nous demander d'aller jouer plus loin. »

Comment se coordonner avec les autres acteurs de l'éducation

La force du Justicier réside dans sa capacité à travailler de concert avec les autres acteurs de l'éducation de l'enfant. Tout le monde doit parler et agir dans le même sens. Avec les parents, les enseignants ou d'autres figures influentes, la figure du Justicier établit des ponts de communication pour assurer une approche cohérente. La coordination entre tous les intervenants crée un front unifié, ce qui renforce l'impact de chaque action éducative.

Par exemple, il est primordial qu'il existe des liens de confiance entre vous, l'animateur, le baby-sitter et l'enseignant de votre enfant. En cas de conflit, de bêtise, d'acte de violence, ils peuvent être précieux pour que l'enfant accepte ses torts et que les adultes agissent ensemble afin de trouver une solution. Comme parent, vous pouvez vous-même, si besoin, trouver de l'aide ou confier vos inquiétudes.

En tant qu'enseignante, j'ai été maintes fois confrontée à des parents qui refusaient de reconnaître la responsabilité de leur enfant, alors que celui-ci était impliqué. Cette absence de remise en question et cette méfiance m'ont alors empêchée d'agir de façon juste – et d'aider leur enfant dans son développement… Pour y remédier, j'ai appris à tisser un partenariat de confiance avec les parents, en étant explicite sur ma fermeté. Je la justifie par cette phrase toute simple : « Si cela arrivait à votre enfant, vous aimeriez aussi qu'il soit défendu. Je vous promets d'agir de façon équitable. »

Les parents peuvent être anxieux et susceptibles, certains voudront défendre leur enfant à tout prix. J'ai donc appris à adapter mon discours à chaque enfant, en mettant en valeur ses qualités pour faire passer auprès des parents ce que je ne pouvais tolérer. J'ai pu dire, par exemple : « Votre fils est très

intelligent ! C'est dommage de gâcher quelque part ses capacités en les focalisant sur son conflit d'autorité envers chaque adulte de l'établissement… »
En tant que parent, si vous acceptez le partenariat et que vous faites confiance aux autres acteurs de l'éducation de votre enfant, vous agirez de façon juste. La communication constante permet à chacun de partager des informations sur le comportement de l'enfant, ses succès et ses défis. Cette collaboration favorise une approche holistique de l'éducation, garantissant que chaque aspect de la vie de l'enfant est pris en compte pour favoriser son développement global. Elle recouvre tous les aspects de sa croissance et de son épanouissement, incluant le physique, l'émotionnel, le social, le cognitif et le moral. Physiquement, cela concerne sa santé et sa croissance. Émotionnellement, c'est sa capacité à gérer ses émotions et à maintenir son bien-être émotionnel. Socialement, c'est sa compétence à interagir avec les autres et à développer des relations positives. D'un point de vue cognitif, c'est son apprentissage, sa mémoire et ses compétences scolaires. Moralement, c'est son développement de l'éthique personnelle et de la responsabilité.

En outre, votre enfant comprendra implicitement qu'il vit dans une communauté éducative qui le protège et l'aide à grandir.

Comment être à la fois ferme et sécurisant(e)

Le Justicier incarne la fermeté nécessaire pour faire respecter les règles. Il prend notamment la défense des victimes – tandis que le Dragon s'occupe de ceux qui causent du tort. Et le Justicier doit être dans une écoute active, pour connaître les tenants et les aboutissants d'une situation donnée.
Ces deux facettes permettent à l'enfant de se sentir en sécurité tout en étant entendu. Le Justicier établit des frontières

claires, créant un environnement structuré qui permet à votre enfant de s'épanouir, quel que soit son profil. Il respecte aussi le principe de présomption d'innocence.
Par exemple, si vous avez plusieurs enfants, et que l'un est plus turbulent que les autres, écoutez toujours chacun raconter sa version des faits (même si vous vous faites votre petite idée du fautif). Cette simple attitude de juge impartial renforcera la confiance mutuelle entre vous et vos enfants, ainsi que votre crédibilité.

J'ai moi-même eu des parents sévères sur beaucoup d'aspects, mais ce qui fait que j'entretiens avec eux un lien infaillible – en dépit de toutes les sanctions que j'ai pu endurer –, c'est qu'ils m'ont toujours écoutée. Je leur en suis reconnaissante aujourd'hui, car mon ressenti a toujours été entendu et pris en compte, et j'ai été protégée quoi qu'il advînt. J'avais une épaule sur qui pleurer, des défenseurs, des personnes prêtes à s'investir si je faisais face à une véritable injustice, et en même temps suffisamment objectives pour me faire reconnaître mes torts lorsque j'étais en partie responsable. Leur intervention avait d'autant plus de valeur qu'il existait un équilibre entre leur fermeté à mon égard et le moment où ils prenaient ma défense. Je les sentais justes et je me sentais dans la vérité.

Comment faire croître un sentiment de sécurité et de confiance

Le Justifier doit être attentif aux besoins individuels de chaque enfant, il doit s'adapter à sa personnalité, à ses forces et ses faiblesses spécifiques. Cette approche personnalisée créera un lien de sécurité avec vous qui favorise l'apprentissage et la croissance. Le Justicier, par sa présence rassurante et bienveillante, joue un rôle crucial dans le développement de la confiance de l'enfant.

Lorsque l'enfant sait qu'il peut compter sur le Justicier pour résoudre les conflits de manière équitable, il développe une confiance fondamentale dans son environnement (et plus largement la société).
Ce sentiment est un socle sur lequel l'enfant construit son estime de soi et sa capacité à interagir positivement avec les autres. Le Justicier, comme figure morale, contribue à créer un environnement éducatif où l'enfant se sent soutenu, compris et encouragé à explorer le monde qui l'entoure.

Conseils pratiques pour intégrer le Justicier dans l'éducation

Établissez une communication ouverte. Encouragez votre enfant à exprimer ses sentiments et ses préoccupations. Créez un espace où la parole est libre et respectée.

Collaborez avec les autres intervenants éducatifs. Partagez des informations et des stratégies avec d'autres parents, les enseignants et les figures éducatives (grands-parents, coach sportif, baby-sitter…) pour assurer une approche cohérente.

Soyez ferme mais impartial(e). La fermeté ne doit pas exclure l'écoute.

Personnalisez votre approche. Comprenez les besoins individuels de votre enfant. Adaptez votre attitude en fonction de sa personnalité et de ses problématiques spécifiques.

LA BONNE FÉE, LA FIGURE DE LA GÉNÉROSITÉ

Dans le vaste royaume de l'éducation, la Bonne Fée est comme une force bienveillante, qui transforme les efforts de l'enfant en joyaux scintillants. Telle une magicienne, elle répand son enchantement sur le chemin éducatif, offrant des récompenses justes et méritées aux enfants qui font preuve de bonne volonté.

Portrait de la Bonne Fée

La Bonne Fée incarne la générosité sous sa forme la plus pure. Elle va au-delà des récompenses matérielles ; elle transforme les moments d'effort et de persévérance de l'enfant en merveilles d'accomplissement. Sa baguette magique n'est pas seulement un instrument d'enchantement mais un outil puissant pour nourrir la motivation intrinsèque.

Qu'est-ce que la motivation intrinsèque ?

Dans les années 1980, deux psychologues américains de l'université de Rochester, Edward Deci et Richard Ryan, ont développé la théorie de l'autodétermination. Celle-ci définit trois grands types de motivation : la motivation intrinsèque, la motivation extrinsèque et l'amotivation.

La motivation intrinsèque peut se définir comme une activité que l'on exerce à cause de la satisfaction qu'elle procure en elle-même, par opposition aux activités pour lesquelles on est motivé de manière extrinsèque (extérieure), par des rétributions ou d'autres facteurs externes[1].

1. E. L. Deci et R. M. Ryan, *Handbook of Self-Determination Research*, Rochester, University of Rochester Press, 2002.

Comment l'incarner

Parents, apprenez que la générosité de la Bonne Fée ne se mesure pas en termes de biens matériels. Les véritables trésors résident dans la reconnaissance, l'affection et la confiance transmises par chaque récompense. La Bonne Fée est ainsi une alliée précieuse dans la construction de la motivation intrinsèque de l'enfant, façonnant un chemin vers la croissance personnelle.

L'art de transformer les efforts en joyaux scintillants

Comme pour Cendrillon, la Bonne Fée peut initier une métamorphose éblouissante. Ce personnage opère une alchimie particulière dans le royaume éducatif. La Bonne Fée transforme les efforts de l'enfant, parfois modestes, parfois titanesques, en joyaux scintillants de réussite.
Cette métamorphose n'est pas seulement un acte symbolique, elle est un catalyseur puissant de motivation.

Quand vous reconnaissez et encouragez les succès de votre enfant, vous êtes déjà la Bonne Fée !
Ce personnage dévoile le pouvoir transformateur de la validation.
Chaque petit pas vers la réussite mérite une célébration. En soulignant les efforts de votre enfant, la Bonne Fée nourrit sa confiance en soi et stimule son désir de persévérer.
À l'exemple de cette figure, vous observerez attentivement les petites victoires de votre enfant. Et cet accompagnement construira des fondations solides pour favoriser un sentiment d'accomplissement et d'estime de soi. La Bonne Fée enseigne que la confiance en soi ouvre la porte vers l'exploration du monde qui nous entoure.

Des récompenses justes et méritées

La Bonne Fée est juste dans la distribution de ses récompenses. Chacune d'elles est méritée et correspond à un véritable effort, ce qui renforce la connexion entre le travail acharné et la gratification. Des récompenses équitables créent un environnement éducatif équilibré, éliminant le sentiment d'injustice et encourageant un engagement continu.

La Bonne Fée pointe les succès à leur juste valeur, et cette reconnaissance renforce la motivation intrinsèque de l'enfant. Soyez équitable, veillez à ce que votre enfant reçoive une récompense proportionnelle à ses efforts. Cela peut aussi créer une émulation avec les autres enfants de la famille et son entourage plus large. Chacun peut se sentir valorisé.

Des récompenses non matérielles

Il est sans doute préférable que la Bonne Fée ne dispense pas de gratifications matérielles.

Récompenser votre enfant avec des cadeaux, en dehors des occasions spéciales, comme son anniversaire, Noël, l'Aïd, Hanouka, peut renforcer chez lui l'idée que ses actions méritent une récompense matérielle ; il vaut mieux encourager des comportements intrinsèquement motivés. Cela peut faire perdre la valeur réelle du cadeau et susciter chez l'enfant une mentalité transactionnelle : il pourrait agir uniquement pour obtenir des biens matériels, plutôt que pour des bénéfices personnels ou sociaux.

En revanche, les récompenses immatérielles, telles que des éloges sincères, des expériences partagées comme des sorties en famille ou des moments spéciaux passés ensemble, marquent profondément l'enfant. Elles renforcent les relations, construisent la confiance en soi et créent des souvenirs durables qui enrichissent son développement émotionnel et social. Les récompenses immatérielles enseignent également des valeurs telles que l'appréciation, la gratitude et la satisfaction intrinsèque, qui sont des fondations importantes pour la croissance personnelle à long terme.

Aussi les récompenses de la Bonne Fée peuvent-elles donc prendre diverses autres formes. Des marques d'affection ; des gestes de reconnaissance, qui renforcent la confiance en soi de l'enfant ; un sourire chaleureux ; des mots d'encouragement ; une étreinte sincère : voilà les véritables joyaux que la Bonne Fée offre à chaque enfant.
Le concept de récompense est traditionnellement associé à la distribution de cadeaux, de biens matériels. La Bonne Fée, elle, comprend que le véritable trésor réside dans l'estime de soi et la confiance en ses propres capacités. Par ses récompenses intangibles mais profondément significatives, elle construit un socle solide pour le développement émotionnel de l'enfant.

MON EXPÉRIENCE D'ENSEIGNANTE

Professeure en CM1, j'imaginais que les besoins d'affection de mes élèves étaient moindres que ceux des petits de maternelle. Mais j'avais tout faux. Ils se manifestent seulement de façon différente.

La Bonne Fée a été le personnage qui m'a permis de créer un lien fort et durable avec mes élèves. Cette classe était la toute première sous ma responsabilité depuis ma titularisation et elle manquait vraiment de cadre. Je m'arrachais les cheveux en me disant : « Comment faire pour maintenir l'écoute et le respect dans une classe aussi agitée ? »

C'était loin d'être parfait et je manquais cruellement d'organisation et d'expérience... Pourtant, l'affect de la Bonne

Fée que j'ai installé aux côtés de mes élèves a réussi à créer une confiance réciproque entre eux et moi, donnant ainsi de la valeur à mes enseignements.

À chaque succès d'un élève, à chaque victoire, un encouragement, un sourire, un geste familier, comme une accolade ou une main posée sur l'épaule. Ces petits gestes du quotidien qui semblent anodins sont si importants.

Tous les jours, je faisais le compte des efforts de mes élèves, sur leur attention et leur comportement. Chaque journée passée dans le respect des règles leur valait un bon point. En mars, enfin, ils ont réussi à récolter les 30 points visés pour gagner une activité exceptionnelle… J'ai alors organisé un temps spécial autour de leur passion commune : le Japon. J'ai mis en place cette récompense groupée pour les remercier, les féliciter, les gratifier. Au programme : des ateliers manuels sur le thème du pays, des dégustations de plats spécifiques, un atelier de danse sur le thème des mangas… Ils étaient si heureux d'avoir remporté ce moment précieux, adapté à leurs goûts ! Certains me l'ont rendu à merveille, inscrivant sur leur talisman à vœux : « Je souhaite que la maîtresse ne parte jamais. »

Aimer et être aimé(e) en retour

À partir de ce moment-là, vous avez tout gagné. Le respect, l'écoute, la confiance, le tout sans les acheter, car ce principe même est fondé sur la récompense au mérite.

Au fil de ma carrière, j'ai souvent remarqué que, pour être entendu et respecté, il faut aussi être aimé. Aimé parce que l'on valorise, on soutient, on encourage. Cela peut se manifester par un simple sourire, un rire partagé ou une mine émerveillée face aux progrès d'un enfant.

Une alliée précieuse de la motivation intrinsèque

La Bonne Fée aide à construire la motivation intrinsèque chez l'enfant. En incarnant ce personnage, vous animerez un feu intérieur qui poussera votre enfant à persévérer, non pour des récompenses extérieures, mais pour lui-même, pour le plaisir de grandir et de s'épanouir.

MON EXPÉRIENCE D'ENSEIGNANTE

Dans ma classe de moyenne section, j'avais un élève très turbulent. Léo tapait, poussait, criait, ne tenait pas en place. Il était souvent qualifié de petit diablotin, sa réputation était faite. Un jour, au deuxième mois de l'année scolaire, j'ai été surprise de le voir m'aider à ranger la classe. J'ai été si touchée de son investissement naturel que, de façon spontanée, je lui ai dit : « Merci, mon petit chat. » et j'ai vu alors son visage s'illuminer.

Le soir même, quand il a retrouvé sa maman, cette dernière est venue me voir après une brève discussion avec son fils : « Léo est tellement heureux, il vient de me dire : "Maman, tu sais quoi ? La maîtresse vient de m'appeler "mon petit chat" et il est tout fier !" »

Je l'étais aussi. J'avais tout simplement constaté que cet enfant, en dépit de son énergie débordante, pouvait mettre celle-ci au service des autres dès l'instant où il se sentait aimé.

À partir de ce jour, notre relation a changé. J'avais droit aux plus beaux dessins du monde, à de merveilleux progrès dans son travail et son comportement. Il était toujours très attentionné. Le dernier jour d'école, nous avons pleuré, sa mère et moi. Elle m'a dit alors : « Merci d'avoir donné une chance à mon fils. J'espère qu'il aura la chance de croiser un enseignant qui fera autant pour l'aider dans son épanouissement, car il a pu progresser grâce à votre confiance. »

Un souffle de magie

La motivation intrinsèque est un moteur puissant qui propulse l'enfant vers l'apprentissage autonome et la découverte. En transformant chaque effort en une expérience positive, la Bonne Fée inspire une quête perpétuelle d'excellence, alimentant curiosité et enthousiasme.

La Bonne Fée laisse derrière elle un éclat de magie dans le cœur de chaque enfant et de chaque parent. Sa leçon est claire : chaque effort, aussi petit soit-il, peut être transformé en une étincelle lumineuse de motivation. En insufflant cette magie au quotidien, vous bâtirez une forteresse où votre enfant pourra voir grandir ses rêves, non par enchantement, mais par sa propre détermination.

Conseils pratiques pour intégrer la Bonne Fée dans l'éducation

Reconnaissez chaque succès. Veillez à toutes les petites victoires. Célébrez chaque réussite, même la plus modeste, pour créer une culture d'appréciation et de reconnaissance.

Offrez des récompenses intangibles. Plutôt que des récompenses matérielles, offrez des gestes d'affection, des encouragements et des moments de partage sincère.

Favorisez l'estime de soi. Mettez en avant les réussites individuelles de votre enfant pour renforcer son estime de soi. Encouragez-le à se voir comme un être capable et compétent.

Cultivez la motivation intrinsèque de votre enfant. Guidez-le vers une motivation intérieure en soulignant l'importance de l'apprentissage pour son propre épanouissement.

Créez un environnement positif. Construisez un cadre éducatif où l'erreur est perçue comme une opportunité d'apprentissage. Favorisez une atmosphère positive propice à la croissance.

L'ÂNE, UN PERSONNAGE JOYEUX ET OPTIMISTE

Au cœur du royaume de l'éducation, l'Âne est la figure emblématique de la joie, de l'humour et de l'optimisme. À l'instar du personnage inoubliable du dessin animé *Shrek*, l'Âne permet d'établir de vrais liens de proximité avec les enfants. Grâce au rire qu'il suscite, il peut être un allié précieux pour une éducation équilibrée.

Portrait de l'Âne

Le personnage de l'Âne, avec sa présence exubérante et son esprit enjoué, se révèle être un vecteur de joie dans le royaume éducatif. Son rôle est de faire rire les enfants, de dédramatiser certaines situations, d'infuser enfin une dose de légèreté et de plaisir dans le processus d'apprentissage. Son humour contagieux capte instantanément l'attention des jeunes esprits.

Comment l'incarner

Le saviez-vous ? L'humour est un outil précieux pour établir un lien authentique avec votre enfant. Avec l'Âne, vous découvrirez que l'apprentissage peut être une aventure joyeuse, que la curiosité et l'enthousiasme stimulent la découverte. Rieur et complice, l'Âne contribue à créer une atmosphère propice à la créativité et à la participation active des enfants.

Endossez sans complexes le rôle de l'Âne ! Il suffit parfois simplement de surjouer, d'utiliser une voix forte ou un drôle d'accent, d'adopter une démarche différente. Beaucoup de complicité et d'autodérision feront le reste. Quand vous avez l'avantage de la surprise, il est impossible de faire un bide (à condition de ne pas vous lancer dans les blagues Carambar avec un préado…). Utilisez l'humour de situation, adapté à votre enfant, à son âge et sa personnalité. Vous verrez, cela marche à tous les coups.

Une juste dose d'humour

Malgré son goût pour la joie et l'humour, l'Âne doit savoir doser cette jovialité. Il faut maintenir cet équilibre subtil entre l'amusement et la concentration. L'humour utilisé à bon escient permet de capter l'attention des enfants ou de rompre leurs résistances, mais il doit être utilisé avec discernement. Trop d'humour peut détourner l'attention de l'objectif éducatif, risquant de diluer le message essentiel. L'Âne est plus subtil qu'il ne paraît : dans l'art de l'humour, il sait trouver le juste milieu entre les rires complices et l'apprentissage sérieux ou la maîtrise d'une situation donnée.

MON EXPÉRIENCE D'ENSEIGNANTE

Dans ma classe de CM1, j'adorais créer des petites dictées personnalisées qui mettaient en scène mes élèves, avec des scénarios totalement absurdes. Je créais toujours la surprise, suscitant les éclats de rire de ma classe. J'aimais à cette époque me dire qu'une journée sans l'Âne était une journée ratée.

Voici un exemple de dictée personnalisée que j'ai pu proposer (j'y intégrais le prénom de mes élèves) :

« Anna et Liva allèrent à la piscine. Soudain, Anna tomba dans l'eau. C'est la panique ! Mais Olivier arriva à la rescousse, une petite planche de sauveteur sous le bras. Liva cria à pleins poumons : "Vite ! Elle ne doit pas se noyer ! Elle me doit encore trois euros !" Olivier plongea, mais Anna était déjà hors de l'eau. Évidemment, elle était athlète junior de natation pour les Jeux olympiques ; pour qui la preniez-vous ? »

Cet exemple illustre comment une dictée personnalisée peut transformer l'apprentissage de l'orthographe et de la grammaire en une aventure ludique et créative, suscitant l'engagement et l'enthousiasme des élèves.

Comment créer un lien authentique avec votre enfant

Grâce au personnage de l'Âne, vous serez capable de tisser un lien authentique avec votre enfant. Son humour est un pont qui relie parents et enfants, favorisant la communication. En partageant des moments de rire, vous établirez des connexions émotionnelles profondes avec votre enfant, créant un environnement où pourront s'épanouir la confiance et la compréhension mutuelle.

L'humour de l'Âne peut être un moyen efficace pour transmettre des connaissances, lever certaines résistances – et se faire obéir –, voire faire cesser les bouderies. Par moments, l'éducation peut être envisagée comme une aventure joyeuse et mémorable.

Conseils pratiques pour intégrer l'Âne dans l'éducation

Connaissez votre public. Prenez en compte la sensibilité et l'âge de votre enfant pour ajuster l'humour en conséquence.

Utilisez l'humour comme un outil pédagogique. Intégrez des éléments humoristiques dans votre message éducatif, cela le renforcera et il sera bien mieux accepté.

Favorisez un environnement détendu. Créez une atmosphère où les rires sont les bienvenus, mais veillez à maintenir un niveau de respect et de concentration quand c'est nécessaire.

Observez les réactions de votre enfant. Regardez si l'humour a sur lui un impact positif ou s'il risque de détourner son attention ; ne ratez pas votre objectif.

Soyez authentique. L'humour qui vient du cœur et qui reflète votre personnalité est souvent le plus efficace.

LE CHAT, LE COMPAGNON DE LA DOUCEUR

Parmi les personnages qui guident les enfants sur le chemin du savoir et de l'autonomie se trouve le Chat. Il incarne la douceur, le réconfort et l'affection au sein du royaume de l'éducation.

Portrait du Chat

Imaginez un chat poilu, joyeux et chaleureux, prêt à réchauffer le cœur de votre enfant. Le Chat est un compagnon de douceur, le confident de votre enfant. Sa présence réconfortante crée un cocon d'amour et de compréhension dans lequel l'enfant peut s'épanouir.
Cette figure attachante atténue les craintes et les incertitudes que l'on rencontre dans l'enfance. Il peut offrir un refuge émotionnel à votre enfant, un havre de sécurité dans lequel ses soucis et préoccupations peuvent être partagés sans jugement.

Une écoute tendre et bienveillante

La force du Chat réside dans son écoute tendre et sa capacité à s'adapter à chaque enfant.
Le Chat est bien plus qu'une présence physique, il est attentif aux variations subtiles des émotions de l'enfant. Il a de grandes oreilles, il sait écouter et recevoir les confidences avec bienveillance.

Comment l'incarner

Le Chat, compagnon familier, sait s'adapter aux goûts, aux centres d'intérêt et au langage de l'enfant. Vous créerez ainsi un espace où la communication est naturelle, sans entraves. Cette adaptabilité renforce le lien entre vous et votre enfant.

L'écoute authentique est la clé pour comprendre véritablement les besoins et les aspirations de chaque enfant.

> **MON EXPÉRIENCE D'ENSEIGNANTE**
>
> J'ai eu l'idée un jour d'incarner le Chat pour m'adapter à certains de mes élèves âgés de 10 ans.
>
> « Vous aimez le personnage de Naruto ? Moi aussi, je vais m'y intéresser, nous parlerons ainsi le même langage. »
>
> Je voulais aborder les problèmes de comportement avec ma classe de CM2...
>
> « Dans la série, Naruto souhaite devenir *hokage* (chef du village), c'est bien cela ? Mais vous pensez qu'il agirait de façon aussi dure envers ses camarades, lui qui donne tant d'importance aux valeurs comme l'entraide et l'amitié ? Non, n'est-ce pas ? Nous sommes d'accord. Vous souhaitez aussi lui ressembler ? Je suis sûre que vous en êtes capables. »
>
> Nous avons terminé cet échange complice en chantant le générique de leur série ; ils étaient tout surpris que je me sois adaptée à leur référence préférée.

Le Chat, un modèle à suivre

Au-delà de sa fonction de confident, le Chat est un modèle à suivre. En mentor bienveillant, ce personnage montre le meilleur aspect de chaque être humain. Il enseigne la valeur de la gentillesse, de l'empathie et de l'amour inconditionnel. Lorsque vous incarnez le Chat, votre présence apaisante offre un modèle positif à votre enfant, l'inspirant à grandir avec de belles valeurs.

En observant le comportement aimant du Chat, votre enfant apprendra que la bienveillance et la compréhension sont des qualités précieuses à cultiver. Le Chat devient ainsi un catalyseur pour le développement de l'empathie chez les jeunes esprits, contribuant à la formation de citoyens éthiques et attentionnés.

Comment créer un climat calme et bienveillant

En incarnant le personnage du Chat, vous créerez un lien privilégié avec votre enfant.
Pour créer un climat calme et bienveillant au sein du foyer, voici un exemple de mise en pratique, à adapter bien entendu à votre situation !

Un soir de semaine, vous rentrez à la maison après une journée chargée et vous trouvez votre enfant occupé à faire ses devoirs à la table de la cuisine. Essayez de créer une atmosphère détendue et propice à la conversation.
Proposez-lui de préparer ensemble une collation saine, comme des fruits frais ou des biscuits faits maison (ou le dîner !). Tout en préparant le goûter ou le repas du soir, engagez une conversation douce et attentionnée sur la journée qu'a passée votre enfant, en lui posant des questions ouvertes qui montrent votre intérêt pour ses activités et ses émotions.
Installez-vous tous les deux dans le salon ou à la table à manger. Éteignez votre téléphone (et les autres écrans) ; créez une ambiance calme à l'aide d'une petite lampe ou d'une musique douce. Encouragez votre enfant à parler de ce qui le préoccupe ou de ce qui le rend heureux. Assurez-lui que vous êtes là pour l'écouter et le soutenir.
Pendant que vous partagez ce moment ensemble, vous évitez les distractions extérieures et vous concentrez sur le lien affectif et la connexion personnelle avec votre enfant.

Ce moment de qualité contribue à renforcer les liens familiaux, à créer un espace où chacun se sent entendu et respecté, et à cultiver un climat familial empreint de calme, de bienveillance et d'amour.

Vous découvrirez que cette relation spéciale avec le Chat incite l'enfant à écouter attentivement. L'amour et la compréhension mutuelle établissent un climat de confiance, créant un environnement propice à l'apprentissage et à l'épanouissement.

Conseils pratiques pour intégrer le Chat dans l'éducation

Pratiquez l'écoute active. Prenez le temps d'écouter votre enfant avec une attention sincère. Laissez-le s'exprimer librement sans interruption.

Adaptez-vous aux besoins individuels. Prenez en considération les spécificités de votre enfant. Adaptez votre approche en fonction de ses goûts et de ses centres d'intérêt.

Incorporez la bienveillance dans l'éducation. Adoptez le plus possible des comportements bienveillants. Encouragez votre enfant à être gentil avec les autres et à exprimer son affection.

Créez un espace émotionnel sûr. Établissez un environnement où votre enfant se sent en sécurité pour partager ses émotions. Soyez présent(e) pour lui dans les moments de joie, de tristesse et d'incertitude.

Accueillez la douceur. Que ce soit par des histoires, des dessins ou des activités partagées, insufflez de la douceur dans votre quotidien pour vivre des expériences réconfortantes et inspirantes.

CHAPITRE 2

Les situations de la vie quotidienne

L'éducation d'un enfant est une aventure riche en rebondissements, jalonnée de moments de joie, mais aussi de défis à relever. L'un de ces défis, qui souvent peut tourner en terrain de bataille, est l'instauration de routines dans la vie quotidienne. Il s'agit notamment des règles d'hygiène (le brossage des dents, le lavage des mains, la douche), de l'heure du coucher, des devoirs et du rangement. Ces activités répétitives, rituels simples et indispensables, peuvent devenir des épreuves à la fois pour les enfants qui les redoutent, les évitent et pour les parents, qui ne comprennent pas ces résistances et ne parviennent pas à les maîtriser, ce qui provoque crispations et cris !
Je vous propose de mobiliser un ou plusieurs personnages, selon chaque type de situation, en vous expliquant les atouts du personnage, la mise en pratique, et en vous éclairant sur les mécanismes en jeu dans le développement de l'enfant.

LA RÉSISTANCE AU BROSSAGE DES DENTS

Je vous expose ici en détail la méthode pour le brossage des dents. Vous pourrez bien entendu la transposer à d'autres

activités du quotidien et l'adapter à l'âge de votre enfant (douche, bain, lavage de mains).
Le brossage des dents peut parfois se transformer en scène de résistance récurrente et déroutante. Votre enfant peut manifester une aversion spontanée pour la brosse à dents, l'associant avec l'idée du coucher ; il veut jouer encore un peu plus longtemps et non se rendre à la salle de bains. Ce moment peut se transformer en un combat quotidien ! Diverses autres raisons peuvent expliquer cette réticence à se brosser les dents : la sensation désagréable du dentifrice, son goût ou tout simplement la résistance à une activité perçue comme une contrainte.

L'Âne, un allié inattendu

Endossez le rôle de l'Âne, un personnage farfelu et aimable, qui deviendra l'ami de votre enfant dans son apprentissage de l'hygiène. L'Âne, avec son rire espiègle et son regard complice, transformera la routine du brossage de dents en une aventure amusante. N'hésitez pas à forcer le trait, exagérez, soyez pitre à outrance – surtout si votre enfant est très jeune !

Mise en pratique

Avancez-vous vers votre enfant et dites quelque chose comme : « Approche, je dois vérifier quelque chose… », l'air faussement inquiet.
Demandez-lui, toujours avec une inquiétude exagérée, qu'il vous parle tout près du visage :
« Dis quelque chose pour voir ? Je ne sais pas, n'importe quoi, quelque chose du genre “Bouillon” ou “Ratatouille” ou je ne sais pas, moi : “Bouagagou” ? »

Les enfants de moins de 6 ans adorent les mots inventés et les onomatopées... Surtout quand vous les dites avec conviction, au premier degré.

Si votre enfant est plus grand (6-10 ans), optez pour une blague ridicule. Par exemple :
« Tu pourrais me dire tout près du visage : “Oh, maman (ou papa, ou votre prénom), que tu es incroyablement belle, intelligente et raffinée !” parce que je dois juste vérifier quelque chose ? »
Si l'enfant rit, c'est déjà gagné.

Réagissez alors de façon théâtrale. Tombez à la renverse, révulsez vos yeux, faites un faux malaise ou imitez une envie de vomir comique. Le second degré doit être évident. L'enfant ne s'y attendra pas et sera amusé.
« Pouah ! Quelle haleine de poney, ça me brûle les yeux ! Nous devons gérer cette urgence ou le pays tout entier risque d'être annihilé ! »
Cachez votre nez dans votre col ou sous un foulard, ou bien sortez un masque, pour plus d'effet. Si vous en avez envie, vous pouvez même activer une sirène d'alerte sur votre téléphone. Prenez la brosse à dents de votre enfant, ainsi que la vôtre. Dites avec la voix grave d'un superhéros ou d'une superhéroïne : « Il en va de la survie de l'humanité. » Tendez la brosse à dents à votre enfant et placez votre téléphone contre votre bouche comme un talkie-walkie ; agissez comme si vous étiez en mission spéciale. Imitez le bruit du talkie qui s'active (« *Kshh* ») :
« *Kshh*. Oui, chef, la cible s'est munie de sa brosse à dents. Que doit-elle faire ? À vous. *Kshh*. »

Attendez deux secondes, en feignant d'écouter la réponse de votre chef, puis reprenez :
« *Kshh*. Comment ? La cible doit mouiller sa brosse à dents et je dois faire comme elle ? Très bien… Je la préviens. Terminé.
– *Kshh*. »
Rejouez la scène à votre enfant. La répétition ajoute un trait d'humour, mais c'est votre faux personnage qui, s'il est pleinement assumé, le rendra hilare.

Avec ce type de personnage de l'Âne (jeu de rôle comique), suivez les étapes du brossage de dents, créez une routine avec votre enfant. Ainsi vous mettrez en place un apprentissage ludique, qui consolidera aussi votre complicité. Vous pouvez aussi intégrer des chansons joyeuses sur le brossage, pour en faire une activité rythmée et mémorable. Ritualisez ce moment et rendez-le convivial pour que votre enfant l'intègre comme une habitude, un automatisme.

L'humour dans l'éducation

Dans cette approche, l'humour agit comme un pont entre l'autorité parentale nécessaire et la collaboration joyeuse de l'enfant. En incarnant l'Âne, vous créez un lien unique, qui transforme le brossage des dents (ou d'autres rites d'hygiène) en une aventure commune. Les rires partagés créent des souvenirs positifs, qui rendent ce moment d'hygiène bucco-dentaire non seulement essentiel mais aussi agréable.

L'humour peut réellement améliorer les relations entre parents et enfants. Plusieurs spécialistes de l'éducation encouragent les parents à se reconnecter avec leur propre dimension enfantine, enjouée et créative pour mieux interagir avec leurs enfants. Voici quelques experts qui prônent cette approche.

• Catherine Gueguen, pédiatre et autrice notamment de *Pour une enfance heureuse : repenser l'éducation à la lumière des dernières découvertes sur le cerveau* (Laffont, 2014), insiste sur l'importance de la bienveillance et du jeu dans les relations parents-enfants.

• Isabelle Filliozat, psychothérapeute et autrice d'ouvrages sur la parentalité positive, comme *L'Intelligence du cœur* (Lattès, 1997) et *J'ai tout essayé !* (Lattès, 2011), encourage les parents à être plus en phase avec leurs émotions et celles de leurs enfants et à utiliser le jeu et l'humour comme outils éducatifs.

• Lawrence J. Cohen, psychologue américain, explique dans son livre *Jouer pour mieux comprendre son enfant* (Marabout, 2020) comment le jeu et l'humour peuvent renforcer les liens familiaux et aider les enfants à surmonter leurs difficultés.

Mais si votre enfant résiste, vous tient tête, que faire alors ?

Le Dragon et sa ferme autorité

Il est parfois nécessaire de revêtir la cuirasse du Dragon pour faire respecter les règles d'hygiène. Imaginez-vous en tant que parent comme un Dragon protecteur, veillant sur le trésor le plus précieux : la santé de son enfant. L'autorité qu'incarne le Dragon n'est pas synonyme de tyrannie. Ce personnage est plutôt un guide puissant qui sait que le brossage des dents est une quête essentielle pour préserver la santé du royaume bucco-dentaire. Le brossage des dents (ou tout autre rituel d'hygiène quotidienne) nécessite parfois que le Dragon déploie ses ailes d'autorité. L'enfant peut résister, chercher à esquiver le combat de la brosse à dents, mais le Dragon, dans sa sagesse, sait que cette lutte est nécessaire pour éviter les caries et préserver l'éclat du sourire. Le Dragon n'est pas impulsif mais constant. Il suit la routine quotidienne du brossage des dents, montrant à l'enfant que ce moment n'est pas une exception, mais qu'il est incontournable. La constance du Dragon inspire la confiance et établit des bases solides pour des habitudes d'hygiène durables.

Mise en pratique

Si votre enfant se rebelle et refuse catégoriquement de se brosser les dents, et cela, après une demande calme et explicite de votre part, ou bien si le jeu avec l'Âne ne fonctionne pas, essayez d'incarner le Dragon. Votre enfant refuse, vous fait face et entre en conflit d'autorité. Ne vous énervez pas et souvenez-vous de la posture du personnage du Dragon : confiante, distante et impressionnante. Pour rappel, la bienveillance devient laxisme dès lors que votre tolérance nuit au bien-être de l'enfant. Ici, par exemple, ce dernier se punit lui-même car résister aux règles d'hygiène aura pour lui des conséquences sur sa santé. C'est pourquoi il faut les lui faire connaître.

- N'hésitez pas à faire les gros yeux et expliquez surtout la raison de votre mécontentement – qui ne doit jamais être arbitraire (le Dragon impressionne mais n'est pas un tyran.)
- Tenez-vous droit, la mine sévère et positionnez-vous face à votre enfant. Vous êtes la figure d'autorité, et vous avez ici l'ascendant, car vous êtes responsable du bien-être de votre enfant et de son éducation. Sentez-vous légitime d'avoir le dernier mot sans vous estimer tyrannique, car votre posture est entièrement justifiée étant donné que le dialogue précédent n'a rien donné.

• Accompagnez votre enfant dans la salle de bains. Ici, le cadre doit être très ferme et strict.
« Je t'ai expliqué les choses calmement et je garde toujours ma patience. Cependant, je serai plus sévère car je refuse te voir prendre de mauvaises habitudes qui nuiront à ta santé. » (Adaptez évidemment vos paroles à l'âge de l'enfant et à son vocabulaire.)
• N'oubliez pas : votre posture doit être majestueuse, ferme, confiante et votre voix franche, ralentissez votre diction et évitez les aigus (la tonalité grave impressionne davantage les enfants, l'aigu manquant de crédibilité pour eux, se rapprochant de leur timbre). Parlez très lentement, pour éviter de buter sur les mots et de briser votre carapace de confiance en vous, et continuez votre discours même si l'enfant vous interrompt.
• Vous aurez le dernier mot coûte que coûte. Ne vous laissez pas distraire, car si le sujet concerne son hygiène, sa santé ou sa sécurité, vous ne pouvez faire de concessions.
« Tu n'as que le choix de te brosser les dents **de suite**. Si tu ne le fais pas, je serai obligé(e) de le faire à ta place, et je pense que ça ne te plaira pas car tu n'as plus 2 ans. Et si tu souhaites jouer au petit jeu du dernier mot avec moi, je couperai aussitôt la partie en te privant de… » *(Intégrez ici une chose qu'il aime particulièrement et qui est source de distraction : un jeu, un temps d'écran… mais qui n'est évidemment pas fondamental à sa santé sur le court terme. Par exemple, ne privez jamais votre enfant d'un repas ou de sociabilisation en l'enfermant dans une pièce.)*

L'infantilisation est la première crainte égotique d'un enfant. Il rêve d'être grand et ne supporte pas l'idée d'être « un bébé » – d'autant plus si votre enfant a entre 3 et 6 ans.

Pour asseoir au sein de votre relation votre autorité, sans qu'elle soit tyrannique, faites-lui comprendre que vous avez vos limites, et que leur franchissement entraîne une **sanction**. Montrez bien qu'elle n'arrive qu'en dernier recours et que, par conséquent, elle se justifie toujours, enfin que vous ne craignez absolument pas d'en arriver jusque-là. L'enfant doit être prévenu, la sanction doit être annoncée et ne doit pas tomber soudainement, afin de donner à l'enfant la chance (la liberté) de la contrer et ainsi éviter le sentiment d'injustice.

- Vous pouvez ajouter : « Si te priver d'un plaisir est le seul langage que tu comprennes, ça me rend tout aussi triste que toi. Mais le jour où tu comprendras que je n'agis pas par plaisir mais pour que tu puisses apprendre à prendre soin de toi, nous éviterons de passer un mauvais moment de dispute dans cette salle de bains. »

Eh oui, l'enfant est un adulte en devenir, il doit apprendre le sentiment de responsabilité et de culpabilité. Vous ne pouvez le laisser dans une bulle de paillettes et de coton toute sa vie, car la chute sera brutale et douloureuse. D'autant plus quand il sera confronté à toutes ses mauvaises habitudes lorsqu'il devra se plier aux règles de l'école, d'une colonie de vacances ou qu'il sera simplement invité ailleurs.

- **Ne faiblissez pas.** Le fait que vous ayez le pouvoir absolu concernant la sanction (débrancher un ordinateur, confisquer une console, ne pas le déposer chez son copain pour le samedi soir…) le fera forcément changer d'avis, à condition que vous mainteniez cette figure stricte sans faillir. Si votre enfant n'écoute pas vos alertes et continue à vous confronter, agissez en respectant vos promesses de sanction. Nous faisons souvent l'erreur de nous en tenir à des menaces et de ne pas passer à l'action, sous le poids de la culpabilité ou par manque d'énergie. Sachez que, même si l'enfant réagit mal sur le coup de la sanction, le fait qu'il comprenne que vos propos ne sont pas des paroles en l'air crédibilisera davantage votre personnage du Dragon – qui l'a averti des limites à ne pas franchir – et que vous ne mentez pas en annonçant que vous agirez s'il n'entend pas raison.

Le caprice, la frustration

S'il pleure, laissez-le pleurer. L'enfant doit expérimenter le sentiment de frustration et doit apprendre à le distinguer de l'injustice, car, encore une fois, vous agissez pour son bien, et vous l'avez maintes fois prévenu. Non, nous n'avons pas tout ce que nous désirons dans la vie et, oui, nous devons nous y confronter dès le plus jeune âge. Voici quelques spécialistes de l'éducation qui mettent en avant l'importance pour l'enfant de connaître et d'expérimenter le « non » et la frustration.

• Catherine Gueguen, pédiatre, explore dans ses ouvrages les effets du « non » et de la frustration sur le développement émotionnel de l'enfant. Dans *Pour une enfance heureuse*, elle explique comment ces expériences sont essentielles pour le développement de l'autonomie de l'enfant.

• Isabelle Filliozat aborde le rôle de la frustration et des limites dans le développement de l'enfant, notamment dans *Au cœur des émotions de l'enfant* (Lattès, 1999). La psychothérapeute montre que la frustration fait partie intégrante de l'apprentissage et qu'elle aide l'enfant à gérer ses émotions.

• Serge Tisseron, psychiatre et psychanalyste, évoque dans l'un de ses essais, *Le Jeu des 3 figures* (Fabert, 2011), la façon dont l'enfant apprend à travers les limites que l'on lui pose et comment les frustrations aident à développer ses compétences sociales et émotionnelles.

• Anne Bacus, psychologue et autrice de nombreux livres sur l'éducation, tels que *Le Guide pratique de votre enfant de 3 à 6 ans* (Marabout, 2010), note l'importance d'apprendre à dire « non », expliquant que cela aide l'enfant à développer sa capacité à faire face aux défis et à devenir plus autonome.

Ces spécialistes mettent en lumière l'importance de l'apprentissage du « non » et de la gestion de la frustration chez l'enfant, affirmant que ces expériences sont cruciales pour un développement équilibré et résilient.

• Une fois votre demande respectée, **vous pouvez vous adoucir, sans pour autant le féliciter**. N'oubliez pas qu'il sort d'un caprice, ceci n'est pas à récompenser. Un acte aussi simple et indispensable et pas du tout exceptionnel ne mérite pas de médaille.
• Pour éviter que votre enfant n'agisse uniquement sous la crainte de la sanction, **prenez un temps de sensibilisation**. Ce moment doit être sérieux. Gardez le ton ferme (mais adouci) du Dragon. Il est fondamental de sensibiliser votre enfant aux conséquences d'une mauvaise hygiène, avec un discours, une vidéo ou un album éducatif sur le sujet, des images… sans le choquer évidemment. Cependant, cela doit suffisamment le toucher pour qu'il comprenne l'importance de ses actes.

LA RÉSISTANCE À L'HEURE DU COUCHER (3-6 ANS)

Dans le théâtre de la parentalité, l'heure du coucher tient souvent le rôle d'élément perturbateur principal. Les parents se retrouvent alors à jongler entre la fatigue de la journée et les caprices de leurs petits acteurs.

La résistance des enfants à aller se coucher est un grand classique pour de nombreux parents. Celle-ci est motivée par divers facteurs. Au fur et à mesure qu'ils grandissent, les enfants découvrent un monde qui éveille leur curiosité, et l'idée de se retirer du tourbillon d'activités peut être perçue comme une séparation douloureuse. Par ailleurs, l'anxiété liée à la peur du noir (pour les plus jeunes) ou à la survenue de cauchemars peut rendre l'heure du coucher un instant redouté. À mesure que les enfants développent leur autonomie, ce moment peut devenir une vraie bataille de volontés. L'idée de se soumettre à l'autorité parentale, même pour un besoin aussi fondamental que le sommeil, peut déclencher une résistance instinctive chez l'enfant. La quête d'indépendance, bien que saine pour le développement, peut parfois être mal vécue lorsqu'il s'agit de se rendre au pays des rêves.

Le coucher peut également symboliser une courte séparation entre l'enfant et ses parents. Cette idée de se retrouver seul, même pour quelques heures, peut déclencher des sentiments d'insécurité et d'anxiété.

Dans ce scénario délicat, l'autorité affectueuse se révèle comme un allié puissant. Laissez alors le personnage du Chat entrer en scène.

Le Chat, sécurisant et apaisant

L'autorité affectueuse du Chat tiendra compte de ces appréhensions et cherchera à rendre cette transition la plus douce possible, favorisant ainsi un sommeil paisible. Ce personnage bienveillant guidera votre enfant vers le sommeil avec délicatesse et compassion.

Le Chat n'est pas simplement un parent, mais un enchantement, une force rassurante qui apaise les craintes nocturnes et invite à un repos serein. Le secret du Chat réside dans **l'équilibre subtil entre tendresse et fermeté qui sécurise**. Loin d'être autoritaire, le Chat émet une aura apaisante qui transforme la routine du coucher en un moment privilégié de connexion entre parent et enfant.

Mise en pratique

- L'autorité affectueuse du Chat commence par **une écoute attentive**. Avant même que le rituel du coucher ne commence, le Chat prend le temps de comprendre les émotions de l'enfant, tout en y imposant une limite dans le temps (soyez explicite là-dessus). Le piège est que l'enfant en profite pour se lancer dans un jeu de questions / réponses afin d'éviter de dormir.
- Veillez à ce que votre enfant ne sorte **pas d'un moment à forte stimulation de distraction** avant de se mettre au lit. Par exemple, ne manifestez pas le personnage de l'Âne juste avant l'heure du coucher (attendez au moins un laps de temps de 20 minutes). Pas d'écran non plus.
- Laissez-lui un moment pour un coloriage, un casse-tête ou un puzzle, une activité calme qu'il peut faire en autonomie après s'être lavé les dents. L'enfant doit comprendre que **le rituel est mis en route** afin d'appréhender le moment du

coucher et ne pas en être effrayé – il ne doit pas survenir de manière soudaine (surtout si à son âge la notion du temps n'est pas consolidée.)

• Incarnez le Chat pour lui annoncer l'heure du lit. Vous pouvez mettre un petit minuteur de 15-20 minutes pendant son activité calme, s'il n'est pas anxieux avec l'idée du temps qui passe sous ses yeux. Si votre enfant est déjà en pyjama ou chemise de nuit avant ce temps d'autonomie, c'est encore mieux.

• Proposez : « Allez, viens, ma grenouille, tu vas choisir ton histoire du soir ! » (Intégrez un petit surnom mignon que vous lui donnez régulièrement : « crevette », « chaton », « mon cœur », « ma grenouille », peu importe, mais ces petits surnoms sont très importants pour consolider le lien entre vous.) Commencez par un temps de lecture court, qui ne peut que stimuler l'imaginaire des enfants (et c'est très encouragé par les enseignants !). Un court album ou bien le chapitre d'un roman adapté à son âge pour donner envie d'entendre la suite de l'histoire le lendemain soir, celle-ci sera ainsi liée avec l'heure du coucher. Alors vous pourrez dire, par exemple : « On va lire la suite de notre histoire, j'ai hâte de savoir ce qu'il se passera dans ce chapitre… Tu me diras ce que tu en penses. »

• Amorcez ensuite **un court dialogue avec votre enfant**. Votre voix doit être douce, gentille et légèrement monotone, pour inconsciemment le calmer : « C'est notre petit moment de discussion juste tous les deux. Tu peux tout me dire, mais pas trop longtemps, je suis très fatigué(e) et il faut que j'aille aussi me coucher. » Que ce soit à propos de l'histoire qui vient d'être lue, des craintes du noir, des rêves turbulents ou simplement de la réticence à quitter le monde des jeux, le Chat écoute sans jugement, créant ainsi un espace sûr pour l'expression des sentiments de l'enfant. N'hésitez pas à créer un contact physique pendant que votre enfant s'exprime, en lui caressant les cheveux, par exemple, ou en vous allongeant à côté de lui, en le prenant dans vos bras, etc. Privilégiez l'écoute active. Les enfants sentent lorsqu'ils sont pris au sérieux. Réagissez de façon douce et expressive à ce qu'il vous raconte, en acquiesçant ou par des « C'est vrai ? » Posez-lui des questions pour le rassurer sur le fait qu'il est sérieusement écouté et non infantilisé.

- Au bout de dix minutes au maximum, **fermez le dialogue en douceur**. Si votre enfant reste agité, pratiquez un court temps de méditation ou d'hypnose auditive (à l'aide du son d'une vidéo en ligne telle que *Calme et attentif comme une grenouille*[1]) tout en maintenant un geste d'affection physique, sans trop de proximité qui vous empêcherait de partir, comme une main dans les cheveux ou une caresse sur le visage.
- Enfin, n'oubliez pas de dire « **Bonne nuit** » !

Avec le Chat, le rituel du coucher ne peut être précipité. Chaque étape est l'occasion d'une interaction chaleureuse et sécurisante. Du choix des histoires à lire ensemble jusqu'au moment du câlin du bonsoir, le Chat assure que chaque geste est empreint d'amour. En utilisant des expressions tendres et rassurantes, le Chat guide l'enfant vers une transition en douceur entre l'éveil et le sommeil.

Chaque enfant est unique, avec des besoins et des préférences propres. Adaptez le rituel du coucher à la personnalité de votre enfant. Que ce soit en chantant une berceuse, en inventant une histoire personnalisée ou en partageant un moment de réflexion sur la journée, le Chat crée un environnement personnalisé qui favorise un sommeil serein.

1. https://www.youtube.com/watch?v=WnxOoifQ398. En prolongement du livre *Calme et attentive comme une grenouille* d'Éline Snel, Les Arènes, 2017.

Et si cela ne fonctionne pas ?

Si l'enfant reste agité, résiste, en ne suivant pas votre approche douce, vos maintes demandes et vos nombreux avertissements, vous devrez faire appel au Dragon. Conduisez votre enfant dans sa chambre, sans possibilité de négocier, car les limites ont été franchies (et le temps imparti expiré). Il devra s'endormir sans histoire ; faites-lui remarquer qu'il ne profitera pas de ce temps de lecture ni de discussion avant le coucher.

L'importance du sommeil chez l'enfant

« Le sommeil est crucial pour la consolidation de la mémoire, le développement des capacités cognitives et la régulation des émotions. Un enfant bien reposé est plus apte à apprendre, à se concentrer et à gérer ses émotions. » La pédiatre Catherine Gueguen, dans son ouvrage *Pour une enfance heureuse*, met ainsi en avant l'importance du sommeil dans le développement cérébral de l'enfant.

Selon Sylvie Royant-Parola, psychiatre et spécialiste du sommeil, « le manque de sommeil peut entraîner des troubles de l'attention, de la mémoire et de l'humeur chez les enfants. Il est donc essentiel de veiller à ce qu'ils aient un sommeil suffisant et de qualité. » Elle recommande ces temps de sommeil :

– 11 à 14 heures pour les enfants de 1 à 2 ans ;

– 10 à 13 heures pour les enfants de 3 à 5 ans ;

– 9 à 12 heures pour les enfants de 6 à 12 ans.

Ces expertes françaises mettent l'accent sur le rôle crucial du sommeil dans le développement global des enfants, tant sur le plan cognitif qu'émotionnel et physique. Elles donnent les mêmes préconisations sur le nombre d'heures de sommeil idéal selon chaque tranche d'âge, soulignant ainsi l'importance de mettre en place très tôt des routines de sommeil.

LE DÉFI DES DEVOIRS À LA MAISON

L'un des défis le plus fréquemment rencontrés par les parents est la résistance de leur enfant à se mettre à faire ses devoirs une fois rentrés à la maison. Ce moment souvent redouté devient le théâtre de batailles silencieuses (ou éclatantes), où le simple acte de s'asseoir pour étudier peut se transformer en une montagne infranchissable pour certains. Comprendre les raisons sous-jacentes de ce rejet des devoirs est essentiel pour aider son enfant à surmonter cet obstacle à son apprentissage.

Pourquoi les enfants rechignent à faire leurs devoirs

- **La fatigue mentale et émotionnelle.** Après une journée bien remplie à l'école, il n'est pas rare que les enfants soient très fatigués. Les heures passées à assimiler de nouvelles informations, interagir avec leurs pairs et répondre aux attentes des enseignants peuvent laisser les jeunes esprits épuisés. Les devoirs à la maison sont perçus comme une tâche supplémentaire, un fardeau qui semble insurmontable après une journée déjà longue et intense.

- **Le sentiment d'injustice.** Certains enfants perçoivent les devoirs comme un poids que l'on impose, qui leur semble disproportionné, une charge injuste qui les prive du temps précieux qu'ils pourraient consacrer à des activités ludiques ou à du repos. Ce ressentiment peut créer une résistance systématique aux devoirs, transformant chaque session d'étude en combat.

• **La peur de l'échec.** Pour d'autres enfants, le rejet des devoirs découle de la peur de l'échec. La pression académique peut créer une anxiété paralysante, les enfants craignant de ne pas être à la hauteur des attentes de leurs enseignants, de leurs parents, voire d'eux-mêmes. Face à cette appréhension, éviter les devoirs devient une stratégie d'autopréservation, préservant l'estime de soi, tout en éludant temporairement les défis scolaires.

MON EXPÉRIENCE D'ENSEIGNANTE

À l'école, j'ai déjà été très souvent confrontée à des parents qui souhaitaient faire de leur enfant un petit génie (et même dès la petite section de maternelle). Combien de fois ai-je entendu : « Quel travail puis-je lui donner en plus à la maison ? Qu'est-ce qui peut le rendre davantage performant ? » Je comprends cette pression de la performance, liée à l'idée que les enfants semblent malléables, et que plus ils auront des acquis jeunes, plus ils auront de chances de réussir une carrière plus tard (ce qui n'est pas tout à fait juste).

Je leur dis : « Laissez-le s'ennuyer et jouer. Il a déjà une journée très épuisante, à la même échelle que la vôtre, si ce n'est plus car sa capacité de concentration est inférieure à celle d'un adulte. Ne prenez pas le risque de le dégoûter des apprentissages. S'il a déjà beaucoup travaillé, en classe comme en faisant ses devoirs, laissez-le se divertir. Il est comme vous : vous ne vivez pas que pour votre travail, votre santé mentale a besoin d'un temps de divertissement et de lâcher-prise. »

Pour avoir une posture adaptée face aux rejets des devoirs, défaites-vous du culte de la performance que vous projetez sur votre enfant, si c'est le cas. Si vous prenez de la distance sur le sujet (sans pour autant négliger votre regard sur sa scolarité et son travail à la maison), votre enfant sentira moins de pression concernant ses résultats. Il sera alors possible d'envisager les devoirs autrement que comme une corvée.

Des stratégies d'approche

Comprendre ces aspects émotionnels et psychologiques de la résistance aux devoirs est crucial pour développer des stratégies efficaces. Plutôt que de percevoir ce rejet comme un acte de défiance, vous pouvez travailler à créer un environnement propice à l'apprentissage, encourager la communication ouverte sur les préoccupations de votre enfant, et trouver des moyens de donner davantage de sens aux devoirs afin de les rendre aussi plus engageants. L'objectif ultime est d'encourager chez l'enfant le désir intrinsèque de découvrir, d'apprendre et de grandir, même en dehors des murs de l'école.

Le Justicier, lien entre l'école et la maison

Tout parent peut devenir justicier de l'éducation, toujours prêt à répondre à l'appel, pour soutenir son enfant à apprendre et grandir. J'expliquerai ici le rôle crucial du personnage du Justicier, qui établit des liens entre l'école et la maison et qui accompagne l'enfant dans la mission des devoirs scolaires.

Le parent, superhéros éducatif

Imaginez le parent comme un Justicier chargé de la réussite éducative de son enfant. À l'image des superhéros justiciers qui veillent sur la ville, le parent surveille les devoirs, fait respecter les règles et intervient en cas de besoin. Ce personnage emblématique encourage, soutient et inculque des valeurs fondamentales à son enfant.

Comment l'enfant apprend

« L'enfant n'est pas un vase que l'on remplit, mais une source que l'on laisse jaillir. » (Marie Montessori)

• Le psychologue Jean Piaget a mis en avant l'idée que les enfants sont des apprenants actifs qui construisent leur propre compréhension du monde à travers des interactions avec leur environnement. Il a divisé le développement cognitif en plusieurs périodes :

- la période de l'intelligence sensori-motrice (de la naissance à 2 ans) ;

- la période de l'intelligence préopératoire (de 2 à 6 ans) ;

- la période des opérations concrètes ou de l'intelligence opératoire (de 6 à 10 ans) ;

- la période des opérations formelles (de 10 à 16 ans).

Chaque période est composée de différents stades par lesquels passent les enfants pour acquérir une pensée logique et abstraite.

• « Les dernières découvertes en neurosciences montrent que le cerveau de l'enfant se construit par l'interaction avec son environnement affectif et social. La bienveillance et l'empathie des parents et éducateurs jouent un rôle clé dans ce développement. » Catherine Gueguen souligne ainsi l'importance d'un environnement bienveillant et empathique pour permettre à l'enfant de développer des compétences cognitives et émotionnelles robustes.

• Le professeur en psychologie cognitive au Collège de France Stanislas Dehaene explique comment la plasticité cérébrale permet à l'enfant d'acquérir de nouvelles compétences et connaissances par l'engagement actif et la pratique. Il écrit notamment : « L'apprentissage repose sur la plasticité cérébrale, qui permet au cerveau de se réorganiser en fonction des expériences vécues. Pour que l'apprentissage soit efficace, il doit être actif, répétitif et riche en retours d'information. »

• Le développement de la pensée de l'enfant est aussi intimement lié à toutes ses expériences affectives. C'est ce qu'avance le psychiatre Boris Cyrulnik, qui a étudié le concept de résilience. « La résilience, c'est la capacité de rebondir après des difficultés, et elle se développe grâce à des relations sécurisantes et un environnement stimulant. » Il met en avant l'importance des expériences affectives et des relations sécurisantes pour le développement cognitif et émotionnel de l'enfant.

Mise en pratique

Le Justicier joue un rôle important dans la création d'une relation solide entre l'école (ou le collège) et la maison. En collaborant avec les enseignants, le parent s'assure de comprendre les attentes scolaires, les objectifs d'apprentissage et les progrès de son enfant. Cette coopération active lui permet de mieux guider son enfant dans ses devoirs en créant un environnement propice à l'apprentissage continu.

Assister votre enfant dans ses devoirs

La mission première du Justicier est d'assister l'enfant dans ses devoirs. Cela va au-delà de simplement superviser les tâches à accomplir ; il s'agit également de comprendre les défis spécifiques que doit affronter son enfant et d'adapter le soutien en conséquence. Que ce soit en (ré)expliquant un concept difficile, en fournissant des ressources supplémentaires ou encore en encourageant la persévérance, le Justicier est un allié inestimable dans le parcours éducatif de l'enfant.

Franchir les obstacles avec confiance

Le Justicier n'est pas seulement là pour les moments de réussite, il doit aussi et surtout aider l'enfant à surmonter les obstacles. Vous pouvez intervenir, avec empathie et compassion, dans la compréhension d'une leçon qui semble ardue, dans l'organisation et la gestion du temps ou dans la résolution de conflit avec des camarades. En instillant la confiance et en enseignant la résilience, le Justicier prépare son enfant à affronter les défis de la vie avec détermination.

Le Justicier, un rôle essentiel dans l'éducation de l'enfant

En établissant des liens étroits entre l'école et la maison, en assistant l'enfant dans ses devoirs et en lui rappelant la règle (il faut faire ses devoirs, apprendre la leçon pour ne pas prendre de retard), le parent devient le guide indispensable dans le voyage éducatif. En faisant confiance au corps enseignant et en s'investissant activement dans le processus éducatif, le Justicier contribue à façonner un avenir prometteur pour son enfant.

Le Dragon, pour encadrer avec fermeté

Cependant, il est possible que votre enfant se rebelle et refuse obstinément tout soutien. Vous pourrez endosser alors le rôle du Dragon. En effet, l'heure des devoirs peut être un moment redouté, source de disputes et de confrontations, qui appelle souvent une autorité ferme. Votre enfant aimerait pouvoir se reposer après une longue journée à l'école lui ayant déjà demandé bien des efforts… Le Dragon, symbole de force, de sagesse et de fermeté, saura établir un cadre solide pour le développement de l'enfant.

Ce personnage, revêtu de traits plus sévères, porte en lui la responsabilité cruciale de guider l'enfant sur le chemin de l'apprentissage, en particulier lorsqu'il s'agit de faire ses devoirs.

Mise en pratique

Sous la figure du Dragon, imposez des limites claires et non négociables.
« **C'est l'heure des devoirs.** » Je vous conseille de fixer ce moment très proche de celui du retour à la maison. Les devoirs pour un enfant en école élémentaire prennent (normalement) entre 10 et 30 minutes. Il est intéressant d'encadrer et d'organiser ce moment assez peu de temps après la sortie de l'école.
N. B. : Si vous n'êtes pas encore rentré(e) du travail, l'inscription de votre enfant à l'étude du soir est une alternative des plus intéressantes. En effet, après le goûter, votre enfant fera ses devoirs accompagné de quelques camarades et d'un encadrant (qui régulièrement se trouve être un enseignant.)

Pourquoi faire les devoirs assez tôt après la sortie d'école ? Parce que la remise au travail est beaucoup plus difficile si l'enfant bénéficie d'un long temps de jeu en amont. L'idéal est donc de travailler avant le dîner ! Ensuite, l'enfant sera libre de jouer durant la préparation du repas de façon continue, et même après, jusqu'au brossage des dents.

Une organisation stricte

Le Dragon est rigoureux dans son emploi du temps, et son organisation stricte est très sécurisante. **Les enfants sont sensibles et rassurés face à la routine.** Une fois le rituel automatisé, intégré, lorsque l'enfant est plus grand, il ne vous restera plus qu'à vérifier ses devoirs terminés et les corriger si besoin. Mais il est important de l'accompagner lors de ses premières

années à l'école élémentaire (surtout en CP pour contrôler la lecture).
Ces limites agissent comme des balises, délimitant le terrain où l'enfant peut explorer et apprendre en toute sécurité. L'établissement de règles strictes en matière de devoirs instaure une structure nécessaire pour guider l'enfant dans l'accomplissement de ses responsabilités. Une notion qu'il gardera toute sa vie.

Suivi et constance

Le Dragon représente le suivi attentif du parent dans le processus éducatif. La constance dans la surveillance des devoirs renforce le message que **l'apprentissage scolaire est une priorité non négociable**. En adoptant une approche régulière et impliquée, le parent Dragon garantit que l'enfant demeure sur la voie de la réussite académique, tout en lui transmettant la valeur d'un travail rigoureux et de la discipline.

Encouragement et redirection

Le parent Dragon peut utiliser son autorité pour encourager l'enfant à persévérer quand il fait ses devoirs. Si des lacunes se présentent, le Dragon sert à la redirection constructive plutôt qu'à la critique destructrice. C'est ainsi que le parent Dragon s'efforce d'être un guide, tout en étant vigilant quant à la qualité du travail accompli. Cela habitue l'enfant à ne pas s'enfermer dans la volonté égotique d'être le meilleur, mais plutôt à se remettre en question avec humilité pour apprendre davantage.

Faire naître la passion pour l'apprentissage

Le parent Dragon tente d'allumer la flamme de la curiosité et de l'apprentissage chez son enfant. Par un emploi du temps précis, une certaine rigueur, un soin offert dans chaque tâche accomplie, le Dragon donne l'exemple d'un travail organisé et propre. Toutes ces qualités ont un impact significatif sur le travail de l'enfant. En ayant un cadre sur la propreté de son espace de travail, sur son écriture, sur sa posture, l'enfant prendra beaucoup plus de plaisir à apprendre, tout en devenant soigneux et méticuleux. En montrant l'importance des devoirs et en valorisant le plaisir de la découverte, le parent Dragon tend à susciter chez son enfant un enthousiasme pour l'apprentissage des savoirs.

Par sa fermeté et sa détermination, le parent Dragon encadre fermement la réalisation des devoirs. Ce personnage, loin d'être tyrannique, œuvre pour créer un environnement propice à l'épanouissement académique de l'enfant. À travers les limites qu'il donne, son suivi attentif et sa passion, le parent Dragon guide son enfant vers l'excellence, tout en construisant les fondations d'une éducation solide.

La Bonne Fée, pour une récompense psychologique

Le personnage de la Bonne Fée incarne la générosité et la récompense (immatérielle), des ingrédients essentiels pour encourager les enfants à accomplir leurs devoirs avec enthousiasme. Imaginez un monde où chaque devoir accompli est salué par une pluie d'étoiles scintillantes, où le simple acte de se plonger dans ses leçons devient une aventure enchantée. La Bonne Fée, alliée précieuse, apporte cette touche magique à la routine des devoirs. Elle transforme chaque effort en une opportunité de célébration, transformant ainsi la salle d'étude en un lieu chargé de positivité.

Mise en pratique

La récompense prend la forme d'une grande énergie positive, d'encouragements, d'embrassades, d'un rituel de joie. Dites par exemple : « Bravo ! Tu as beaucoup travaillé aujourd'hui, je suis si fier/fière des efforts que tu as fournis ! »

On mettra d'autant plus cette fierté en avant que l'enfant a fait des progrès. En tant que Bonne Fée, tâchez de souligner ceux-ci, n'hésitez pas à utiliser l'exagération.

Par exemple, si votre enfant apprend à lire et qu'il est rigoureux avec vous dans ses lectures du soir, il progressera à vue d'œil. Il est important, plusieurs mois plus tard, de faire un réinvestissement des notions qu'il a acquises et de lui montrer tous ses progrès. De façon concrète, si, en mai, votre enfant est capable de lire une page entière au moment des devoirs, vous, sous la figure de la Bonne Fée, sauterez de joie : « Mais tu es formidable ! Regarde un peu tes progrès ! » Revenez alors sur les premières lectures de l'année scolaire, afin de lui montrer que si en septembre il ne lisait que trois mots, aujourd'hui, grâce à sa rigueur et son investissement, il a fait des progrès notables.

Grâce à vous qui insistez et lui désignez ses progrès tangibles, les devoirs auront du sens pour votre enfant, tout comme la notion d'investissement et de mérite. Chaque « corvée » doit faire sens pour devenir une responsabilité, et non susciter un sentiment de punition.

La Bonne Fée, inspiratrice

Le rôle de la Bonne Fée ne se limite pas à la récompense, elle peut aussi être source d'inspiration. Elle incarne la magie du savoir et la joie de la découverte. Lorsque les enfants ressentent sa présence, le fardeau des devoirs se transforme en une quête excitante. Ils deviennent les héros de leur propre

histoire, défiant les obstacles avec détermination, sachant qu'à la fin les attend une récompense bien méritée (par exemple une longue période de jeu).
Rappelez-vous que la générosité, sous toutes ses formes, est une force puissante pour motiver votre enfant. La récompense ne doit pas être matérielle, elle peut notamment revêtir la forme d'un temps de qualité passé ensemble, d'un encouragement sincère ou d'une reconnaissance spéciale. C'est cette générosité qui crée un environnement d'apprentissage positif et stimulant.

Créer un rituel magique
Pour incorporer la magie de la Bonne Fée dans la vie quotidienne, vous pouvez créer un rituel spécial. Un coin de travail illuminé de lueurs douces, une musique apaisante ou même un simple geste symbolique peut transformer l'heure des devoirs en une expérience enchantée. L'idée est de faire de chaque session d'étude une aventure unique et plaisante.

L'humour et la persévérance de l'Âne au service des devoirs

Pendant l'heure des devoirs, un autre personnage peut intervenir de manière inattendue : l'Âne. Ce personnage haut en couleur, avec sa persévérance et son sens de l'humour, peut égayer même les tâches les plus laborieuses. L'Âne porte sa charge avec résilience, comme les parents ont la lourde responsabilité de guider leurs enfants sur le chemin des devoirs et de l'apprentissage.
Les devoirs à la maison peuvent parfois être perçus comme un défi de taille, une montagne à gravir pour l'enfant comme pour ses parents. De nature stoïque, l'Âne incarne la détermination

requise pour affronter cette tâche herculéenne. Les parents, tel l'Âne, doivent être prêts à porter la charge des devoirs avec patience et engagement, pour aider leurs enfants à surmonter les obstacles.

Mise en pratique

C'est avec un brin d'humour que l'Âne aborde la vie quotidienne ; alors, n'hésitez pas à injecter une dose de légèreté dans l'univers sérieux des devoirs. Créez un environnement détendu, où les erreurs ne sont pas des chutes mais des occasions d'apprentissage… Vous guiderez ainsi votre enfant à traverser les exercices difficiles avec un sourire plutôt qu'avec des soupirs.

Les trois types de savoirs

Le savoir formel

C'est celui qui nous vient automatiquement en tête. Il est le savoir que nous accumulons pendant nos apprentissages à l'école ou lors d'une formation, face à un instructeur, ou bien par le biais d'une méthode écrite.

Le savoir non formel

Il consiste à accumuler indirectement de nouveaux savoirs sur une nouvelle compétence, parallèlement à une tâche obligatoire demandée formellement. Par exemple, on vous demande d'étudier la vie d'un auteur pour en faire un article – savoir formel –, et en le rédigeant vous apprenez indirectement à vous servir d'un outil numérique de traitement de texte.

Les savoirs informels

Il s'agit de la partie immergée de l'iceberg. Les savoirs informels se forment inconsciemment, très souvent sans contrainte, et ils sont généralement les plus persistants sur le long terme. Par exemple, un adolescent connecté comprendra le sens du mot anglais *follow* avant de l'étudier en classe, car il y est confronté sur ses réseaux sociaux, sur son temps libre.

Philip H. Coombs et Manzoor Ahmed sont souvent cités pour avoir défini et popularisé les concepts d'éducation formelle, non formelle et informelle dans leur livre *Attacking Rural Poverty: How Nonformal Education Can Help* (1974, non traduit en français). Leur travail a contribué à sensibiliser les décideurs et les praticiens à utiliser diverses formes d'éducation.

Apprendre avec des moyens mnémotechniques amusants

Quand j'ai passé le concours de professeur des écoles, j'ai dû me replonger dans certaines bases et règles de grammaire que j'avais complètement oubliées ! Les seules notions qui étaient restées intactes dans ma mémoire étaient celles que j'avais entendues petite avec mon grand-père, qui se plaisait à me faire réviser lorsqu'il me gardait pendant les vacances. Il employait toujours l'humour et la théâtralisation. J'aimais beaucoup entendre ses petits sketchs en chansons qui servaient à mémoriser certaines anecdotes historiques, des règles grammaticales ou des notions de culture générale. Aujourd'hui encore je garde en souvenir de vieux savoirs de mon enfance, car je les associe à l'intonation drôle qu'avait la voix de mon grand-père quand il m'instruisait de façon si légère.

Ainsi, on peut transmettre des connaissances, faire apprendre par cœur (des tables de multiplication, des formules, des conjugaisons…) en passant par la chanson, le comique de répétition, l'exagération des gestes et des expressions. Pendant l'heure des devoirs, utilisez tous ces outils de l'Âne avec votre enfant, et vous transformerez non seulement une corvée en moment de plaisir mais, en plus, l'amusement de l'instant contribuera à graver davantage les apprentissages dans ses souvenirs à long terme.

Voici une de mes expériences. Enfant, je regardais la série *Hannah Montana*. Dans un épisode, Miley Stewart, le personnage principal, apprenait une leçon de sciences en utilisant ce qu'elle aimait le plus : la musique. Cela m'a marquée. Je me suis inspirée de cette idée et j'ai calé ma leçon de géographie sur la chanson « Relax » de Mika, que j'aimais beaucoup à l'époque. L'intégralité de ma leçon de géographie entrait en rythme avec les couplets et refrains de Mika. S'il me manquait quelques syllabes, je répétais la fin de ma phrase pour coïncider avec le rythme de la chanson.
J'ai obtenu 17/20 lors de mon évaluation ! Et mon moyen mnémotechnique est devenu un spectacle amusant réclamé régulièrement par ma famille.

Enfilez votre costume d'Âne avec fierté

Le ridicule ne tue pas, bien au contraire. Avec humour et persévérance, créez des astuces et de drôles d'anecdotes qui seront pour votre enfant des supports d'apprentissage. Et vous verrez que votre enfant les assimilera et les gardera en mémoire sur le long terme.

LE PROBLÈME DU RANGEMENT

Non seulement un espace rangé est plus agréable pour toute la famille, mais il est aussi très important pour le bien-être et le développement de votre enfant ! En effet, il contribue à réduire son stress, favorise son autonomie et sa responsabilité et améliore la concentration et la créativité. Ces bénéfices sont étayés par des recherches en psychologie, en neurosciences et en sociologie (voir ci-après).

Les bienfaits d'un environnement rangé

- Un environnement rangé peut aider à réduire le stress et l'anxiété en fournissant à l'enfant un sentiment de contrôle et de sécurité[2].
- Il lui permet de développer des capacités d'organisation et d'autonomie.
- En organisant son espace personnel, l'enfant est encouragé à prendre soin de ses affaires et à respecter celles des autres, ce qui contribue à développer des compétences sociales précieuses[3].
- Enfin, une étude menée par des chercheurs de l'université de l'Indiana a révélé que l'environnement physique peut influencer la cognition de l'enfant, notamment sa capacité à résoudre des problèmes et à prendre des décisions[4].

---

2. T. Turan *et al.*, « The Impact of a Tidied Environment on Children's Stress and Anxiety Levels », *Journal of Environmental Psychology*, 2020.
3. N. Eisenberg *et al.*, « The Development of Prosocial Behavior », *in* M. E. Lamb et C. Garcia Coll (dir.), *Handbook of Child Psychology and Developmental Science*, Wiley, 2015, vol. 3.
4. A.V. Fisher, K. E. Godwin, et H. Seltman, « Visual Environment, Attention Allocation, and Learning in Young Children: When too much of a good thing may be bad », *Psychological Science*, n° 25, 2014, vol. 7.

MON EXPÉRIENCE D'ENSEIGNANTE

Je le constate dans ma salle de classe de CP : lorsque mes élèves ont un casier bien rangé et une table ordonnée, leur travail est soigné et leur investissement accru. Si je remarque un relâchement général, je m'amuse à utiliser une voix militaire en m'exclamant haut et fort : « Trouuuusse dans l'angle ! » comme pour un appel au garde-à-vous ; mes élèves réagissent le plus vite possible, comprenant que je ne souhaite rien, plus rien sur leur bureau que leur trousse dans l'angle – pas de dessin, de crayons éparpillés ou de cahier sorti. Uniquement leur trousse sur le côté, et des élèves de nouveau prêts à travailler.

En faire un réflexe

Pour grandir dans les meilleures conditions possible, votre enfant doit évoluer dans un espace sain, ordonné, et apprendre à le conserver lui-même ainsi et donc à ranger. Quand ce principe sera devenu comme un réflexe, votre enfant pourra agir de façon autonome sur son environnement personnel. Cependant, le rangement est souvent perçu comme une corvée...

Pourquoi les enfants n'aiment pas (trop) ranger

Voici quelques-unes des raisons pour lesquelles les enfants peuvent être réticents au rangement, ainsi que les conséquences éventuelles du désordre.

- **Un manque de motivation intrinsèque.** Les enfants peuvent percevoir le rangement comme une tâche ennuyeuse ou non gratifiante, surtout si elle est imposée par les parents sans leur participation active.

  Ce manque de motivation peut perdurer jusqu'à l'âge adulte, ce qui pourra se traduire par des difficultés à gérer son propre foyer, son lieu de travail et, au-delà, tout ce qui concerne l'organisation au quotidien et les relations interpersonnelles.

• **Une préférence pour le désordre.** Certains enfants peuvent préférer un environnement plus chaotique et stimulant, où ils se sentent libres de jouer et d'explorer sans contraintes. Cependant, un excès de désordre peut entraver leur capacité à se concentrer, à organiser leurs pensées et à accomplir des tâches de manière efficace, ce qui peut avoir des répercussions sur leur réussite scolaire (et professionnelle à l'avenir).

• **Le manque de compétences organisationnelles.** Des enfants n'aiment pas ranger parce qu'ils ne savent pas ranger : ils ne possèdent pas les compétences organisationnelles nécessaires pour le faire de manière efficace. Cela s'apprend ! Cette incapacité à organiser son environnement peut engendrer des difficultés à gérer son emploi du temps, à établir des priorités ou planifier ses activités – ce qui peut avoir un impact sur la réussite académique et professionnelle.

• **Une résistance au changement.** Certains enfants peuvent éprouver de l'anxiété ou de la résistance face au changement, ce qui les freine à ranger.
Cette peur du changement peut perdurer à l'âge adulte, rendant difficile l'adaptation à de nouvelles situations ou à des exigences professionnelles qui évoluent.

Un bien-être à long terme

En conclusion, les réticences des enfants à ranger peuvent avoir des répercussions importantes sur leur développement et leur vie future. Si l'on n'a pas acquis des compétences d'organisation et de gestion de son environnement dès son plus jeune âge, on risque de rencontrer plus tard des difficultés dans sa vie quotidienne, académique et professionnelle. Il est donc essentiel d'encourager les enfants à développer ces compétences très tôt pour favoriser leur succès et leur bien-être à long terme.

L'Âne, pour donner envie de ranger

Voici quelques astuces ludiques pour automatiser chez votre enfant le rangement de son espace personnel.

Créez un jeu de rangement

• Transformez le rangement en jeu en inventant des défis amusants. Par exemple, chronométrez combien de temps il faut à votre enfant pour ranger tous ses jouets ou encouragez-le à battre son propre record de vitesse.

• Voici un exemple de théâtralisation de l'Âne pour encourager votre enfant à ranger, avec de l'humour. Lancez : « Hé, mon enfant désordonné préféré, devine quoi ? J'ai entendu dire qu'il y avait une invasion de jouets mal rangés dans ta chambre ! On va devoir les chasser avant qu'ils ne prennent le contrôle total… Es-tu prêt(e) pour une mission spéciale ? La mission, si tu l'acceptes, consiste à trouver tous les jouets éparpillés et à les rapporter dans leur cachette secrète. Mais attention, certains de ces jouets sont de vrais ninjas du désordre, alors nous devrons être très rusés pour les attraper ! »

Donnez à votre enfant des responsabilités spéciales

• Si votre enfant a entre 2 et 8 ans, créez des personnages imaginaires ou des superhéros du rangement qui l'aideront et le motiveront à maintenir son espace propre. Par exemple, dites-lui que le « Capitaine Propre » (ou le « Lutin maniaque ») a besoin de son aide pour garder sa chambre en ordre.

• Impliquez votre enfant dans la création de règles particulières pour son espace personnel, comme un code de conduite pour les jouets ou un système de tri fondé sur des couleurs ou des formes. Vous pouvez utiliser, par exemple, l'organisation suivante.

Code de conduite pour ranger les jouets

Rangement quotidien. Chaque soir, avant le coucher, tous les jouets doivent être rangés dans leurs boîtes respectives.

Tri par couleur. Utilisez des boîtes de rangement de différentes couleurs pour chaque type de jouets (par exemple, les blocs de construction dans une boîte rouge, les peluches dans une boîte bleue).

Zone de jeu propre. Avant de sortir de nouveaux jouets, les autres doivent être déjà rangés.

Entretien mensuel. Chaque dernier samedi du mois, passez en revue les jouets pour vérifier ceux qui sont cassés ou qui ne sont plus utilisés et décidez ensemble quoi en faire (réparer, donner, recycler).

En impliquant votre enfant dans la création de ces règles, il se sentira responsable et plus enclin à les suivre.

Faites du rangement une activité amusante

Passez une playlist de chansons joyeuses ou organisez des concours de danse pendant le rangement (par exemple, un prix à « celui qui bouge le mieux en passant le balai »). La musique et la danse rendront le rangement beaucoup plus agréable et divertissant pour chacun et chacune !

Faites appel à l'imagination de votre enfant

- Encouragez votre enfant à créer des histoires ou des scénarios imaginaires pendant le rangement. Par exemple, il pourra faire semblant que sa chambre est un château magique et que chaque objet a une place spéciale dans ce royaume enchanté.
- Transformez le rangement en aventure à l'aide d'énigmes ou d'indices disséminés pour guider votre enfant à trouver où doit aller chaque objet. Par exemple, vous pourriez cacher des notes secrètes sous les jouets, indiquant où ils doivent être rangés.

Avec l'Âne, vous intégrez ainsi le jeu, l'humour et l'imagination dans le processus de rangement. Vous rendrez cette tâche routinière plus agréable et stimulante pour votre enfant, tout en lui enseignant mine de rien des compétences importantes d'organisation et de responsabilité.

La Bonne Fée, pour féliciter

Le personnage de la Bonne Fée peut intervenir pour féliciter, récompenser lorsque la tâche est accomplie. Vous pouvez donner, par exemple, une petite récompense amusante chaque fois que votre enfant a terminé de ranger son espace, comme une étoile ou un autocollant à coller sur un tableau de réussite ou une affiche. Attention, cependant, la générosité de ce personnage doit être utilisée avec parcimonie. Il vaut mieux éviter les récompenses matérielles quand l'enfant a accompli une tâche qui n'a rien d'exceptionnel et qui doit être banalisée à l'avenir. En effet, sa motivation ne devrait pas être la récompense ; il devrait plutôt prendre conscience qu'il range pour se sentir mieux.

Encourager l'enfant à ranger son espace personnel et le récompenser de façon non matérielle peut être une excellente approche pour renforcer positivement[5] ce comportement. Voici quelques idées dans cet esprit.

Offrez reconnaissance et louanges

Félicitez votre enfant pour ses efforts et le travail effectué quand il a fini de ranger son espace personnel. Surtout s'il le fait de lui-même. N'oubliez jamais de le faire, sans insister sur le désordre qu'il y avait avant, ce qui pourrait décourager votre enfant par souci d'ego. Par exemple ne dites pas : « Bravo ! Tu as enfin compris ! Tu ne te sens pas mieux par rapport au bazar que c'était avant ? », mais plutôt : « Mais c'est super ! Dis donc, tu me donnes presque envie de t'embaucher pour ranger ma chambre tellement tu es doué(e) ! Tu es sûr(e) que tu n'es pas un(e) expert(e) du super-rangement ? Franchement, c'est génial, bravo, mon chat ! »
Exprimez toujours de la gratitude envers votre enfant pour avoir contribué à maintenir un environnement agréable pour toute la famille.

5. Pour en savoir plus sur le renforcement positif, voir Alan Kazdin, *Élever un enfant qui s'oppose : les vraies solutions*, Solar, 2024.

Donnez des responsabilités supplémentaires

• Impliquez votre enfant dans la planification du rangement de son espace (ce soir, samedi après-midi ?) ainsi que dans sa décoration – laissez-le choisir certains éléments. La récompense peut aussi être la liberté de prendre des décisions dans son organisation.

• Dans le prolongement de ce qu'il a effectué avec succès – maintenir un environnement ordonné –, donnez à votre enfant des responsabilités supplémentaires (considérez-le comme un grand !). Par exemple, proposez-lui de choisir le menu du dîner ou de décider de l'activité familiale du week-end.

Accordez des privilèges

• Accordez à votre enfant des privilèges exceptionnels : simplement choisir la musique à écouter dans la voiture ou avoir un peu plus de temps pour lire avant le coucher.

• Permettre à l'enfant de faire une activité qu'il apprécie particulièrement, comme dessiner, jouer à un jeu vidéo ou faire du sport, cela peut aussi être une récompense pour son engagement à garder son espace rangé.

Encouragez-le à poursuivre les bonnes habitudes

• Dès 7 ans, encouragez votre enfant à établir des objectifs de rangement et à suivre ses progrès au fil du temps, par exemple, avec un petit tableau blanc effaçable accroché dans sa chambre ou avec une *to do list* colorée que votre enfant adorera compléter lui-même et cocher.

• Soulignez les bénéfices d'un environnement propre et ordonné sur son bien-être et son efficacité au quotidien et encouragez-le à maintenir cette habitude positive.

Que faire si votre enfant s'obstine à ne pas ranger ?

Si, malgré vos diverses tentatives, ni l'humour ni la complicité ni l'appel à la responsabilité ne fonctionnent et que votre enfant refuse catégoriquement de ranger son espace personnel, il peut être nécessaire d'établir des limites claires et d'appliquer des sanctions appropriées. Voici surgir la figure du Dragon !

Le Dragon, pour instaurer des limites

Donnez une limite explicite : établissez un horaire de rangement quotidien

Définissez chaque jour un moment spécifique où votre enfant doit ranger son espace personnel ; par exemple, après avoir terminé ses devoirs ou avant le dîner. Exprimez-le de façon claire. Rappelez-lui l'importance de maintenir un environnement ordonné et expliquez-lui fermement et solennellement qu'il est responsable du soin de son espace. Quelle sanction envisager s'il ne fait pas ce qui est demandé ? Si votre enfant refuse de ranger dans le délai fixé, retirez temporairement un privilège qu'il apprécie, par exemple le temps de jeu supplémentaire, l'accès aux écrans ou bien une activité spéciale.

Ayez une limite explicite : une responsabilité partagée

• Rappelez à votre enfant que la règle du rangement est commune à tous les membres du foyer, pour vivre en communauté de la façon la plus sereine possible. Pour cela, chacun doit assumer ses responsabilités. Précisez à votre enfant (avec toujours la posture imposante du Dragon) qu'il ne s'agit pas là d'une injustice à laquelle il fait face en solitaire, mais bien d'une responsabilité commune, pour le bien de tous.

• Impliquez votre enfant dans l'établissement de règles et de routines pour le rangement de son espace personnel, en lui donnant un certain niveau de contrôle et d'autonomie. Adaptez-vous bien entendu à son âge et à ses capacités. Laissez-lui la responsabilité de s'atteler à la tâche tout en lui précisant l'heure à laquelle vous ferez le contrôle. Assurez-vous que votre enfant a conscience de ses responsabilités en matière de rangement ; répétez-lui les conséquences du désordre sur son bien-être général ou bien, s'il ne comprend que ce langage, insistez sur la sanction possible : la privation d'un privilège (en soulignant le fait que ce serait dommage).

Adoptez un renforcement positif

• Utilisez le renforcement positif pour encourager son comportement de rangement. Même s'il a présenté une forme de résistance, lorsqu'il range efficacement son espace personnel, félicitez-le (de façon un peu plus distante que la Bonne Fée).
• Restez cohérent(e) dans l'application des limites et des sanctions, tout en continuant à encourager et à soutenir votre enfant dans ses efforts pour ranger son espace personnel.

En fournissant un cadre et des attentes claires, vous permettez à votre enfant d'apprendre à assumer ses responsabilités et à développer des compétences d'autorégulation, essentielles pour son développement futur. Et cela vaut pour de nombreux domaines de l'éducation.

CHAPITRE 3

Les diverses situations de conflit

LES CONFLITS LIÉS À L'USAGE DES ÉCRANS

Il est très probable que votre enfant ou votre adolescent soit accro à son smartphone, aux jeux vidéo, aux vidéos en streaming… et que votre autorité soit mise à mal lorsqu'il s'agit de se déconnecter ou de réduire le temps passé devant les écrans. Quelle posture adopter ? Comment gérer les conflits, tout en limitant les frustrations de part et d'autre ?

De nombreuses études scientifiques, tant au niveau international qu'en France, soutiennent l'intérêt de réduire le temps d'écran pour les enfants. Voici en quelques mots l'état de la recherche.

Les écrans impactent la santé physique des enfants

Des recherches menées par l'Organisation mondiale de la santé (OMS) ont montré que le temps excessif passé devant les écrans est associé à un risque accru de problèmes de santé physique chez les enfants, tels que l'obésité, les troubles du sommeil et les troubles musculo-squelettiques[1].

1. OMS, 2019. https://www.who.int/fr/news/item/24-04-2019-to-grow-up-healthy-children-need-to-sit-less-and-play-more

Une autre étude menée par le Haut Conseil de la santé publique (HCSP) indique : « Ce sont les comportements associés à l'utilisation des écrans qui sont responsables de l'augmentation du surpoids : prises alimentaires augmentées, temps de sommeil réduit et qualité de sommeil altérée[2]. »
La consommation excessive d'écran peut aussi avoir un impact sur la qualité de la vision. Un « enfant écran » est comme dans un tunnel. Comme sa vision frontale est la seule sollicitée, et étant dans une énergie passive, l'enfant perd ses réflexes liés à sa vision périphérique.

Les écrans influent sur le développement cognitif et socio-émotionnel

Selon la recherche, le temps excessif passé devant les écrans peut avoir un impact négatif sur le développement cognitif des enfants, en particulier sur leur **capacité d'attention, de concentration et de résolution de problèmes.** Des études menées par l'Institut national de la santé et de la recherche médicale (Inserm) ont montré que le temps d'écran excessif chez les jeunes enfants est associé à un risque accru de **troubles du comportement** et de **difficultés socio-émotionnelles.**

MON EXPÉRIENCE D'ENSEIGNANTE

En classe de maternelle, je peux simplement témoigner des différences entre des enfants habitués à la maison à passer plus de 1 heure par jour devant un écran et ceux qui occupent leur temps libre avec des dessins, des rêveries, des puzzles, des jeux de stratégie, des livres ou tout

2. Haut Conseil de la santé publique, « Analyse des données scientifiques : effets de l'exposition des enfants et des jeunes aux écrans », janvier 2020.

autre objet favorisant l'imagination, la manipulation et la réflexion. Les élèves à l'école élémentaire qui reçoivent régulièrement, de manière passive, une grande dose de divertissement semblent affaiblir leur esprit créatif, leur compréhension d'informations implicites, et leur capacité à se concentrer longtemps sur une seule et même tâche se trouve souvent diminuée.

Les écrans et les enfants

En France, plusieurs experts en psychologie ou en éducation et des organismes de santé publique conseillent de limiter le temps passé par les enfants devant des écrans, notamment par les plus petits[3].

Dans un document intitulé *Enfants et écrans, à la recherche du temps perdu*, paru en avril 2024, l'Association française de pédiatrie ambulatoire (AFPA) donne les conclusions du rapport de la commission d'experts établie par le président de la République dans le but d'évaluer les enjeux attachés à l'exposition des enfants aux écrans :

« Promouvoir une progressivité dans l'accès aux écrans, parcours raisonné et accompagné.

• Pas d'écran avant l'âge de 3 ans.

• Usage déconseillé avant l'âge de 6 ans. L'usage doit être limité avec des contenus à qualité éducative, accompagné par un adulte.

• Après l'âge de 6 ans, exposition modérée et contrôlée trouvant sa juste place parmi des activités qui doivent être diversifiées.

3. Voir Serge Tisseron, *3-6-9-12, Apprivoiser les écrans et grandir*, Érès, 2024.

• Pas de téléphone portable avant l'âge de 11 ans, lors de l'entrée en secondaire. À cet âge, le téléphone ne doit pas être utilisable pour se connecter à Internet.

• Mise à disposition d'un téléphone connecté seulement à partir de l'âge de 13 ans, sans accès aux réseaux sociaux ni aux contenus illégaux.

• À partir de l'âge de 15 ans l'accès aux réseaux sociaux doit être limité à ceux pourvus d'une conception éthique[4]. »

L'Académie des sciences et l'Agence nationale de sécurité sanitaire de l'alimentation, de l'environnement et du travail (ANSES) ont émis des recommandations similaires à travers la « règle des 3-6-9-12 » pour instaurer des limites en termes de temps :

• avant 3 ans : pas d'écran, sauf les appels vidéo en famille ;

• 3-6 ans : 1 heure par jour au maximum, avec des contenus éducatifs ;

• 6-9 ans : 2 heures par jour au maximum, avec des contenus adaptés et des pauses fréquentes ;

• 9-12 ans : apprendre à gérer le temps d'écran de manière autonome, avec des discussions sur les contenus visionnés[5].

Écrans et relations sociales et familiales

Les enfants qui passent beaucoup de temps devant les écrans ont tendance à avoir moins d'interactions sociales en personne, ce qui peut affecter leur développement de **compétences sociales** et leur capacité à établir des **relations saines**

4. https://afpa.org/content/uploads/2024/04/Rapport-enfants-ecrans_04-2024.pdf
5. Académie des sciences, rapport *L'Enfant et les écrans*, 2013 ; ANSES, rapport *L'Exposition des enfants aux écrans*, 2019.

avec leurs pairs[6]. Une étude menée par l'Observatoire français des conjonctures économiques (OFCE) a montré que le temps d'écran excessif chez les enfants est associé à une diminution du temps passé en famille et à une **détérioration des relations familiales**[7].

Les conditions sont plus importantes que la durée d'exposition

En fait, ce serait surtout le contexte dans lequel les plus jeunes sont exposés aux écrans qui aurait le plus d'influence, et non le temps d'exposition. C'est ce que montre une étude menée par une équipe de l'Inserm dirigée par Jonathan Bernard du Centre de recherche en épidémiologie et statistiques, publiée en 2023 dans *The Journal of Child Psychology and Psychiatry*. Par exemple, le fait d'avoir la télévision allumée pendant les repas peut affecter le développement du langage. Les données dans ce contexte révèlent un écart de langage significatif entre les petits qui regardent la télévision pendant le repas et ceux qui ne la regardent pas. Le repas étant un moment important d'échanges verbaux entre les enfants et les parents, la télévision aurait un effet perturbateur sur l'apprentissage[8].

---

6. Brian A. Primack, Ariel Shensa, Jaime E. Sidani *et al.*, « Social Media Use and Perceived Social Isolation Among Young Adults in the U.S. », *American Journal of Preventive Medicine*, 2017, vol 53, n° 1, p. 1-8.
7. Observatoire français des conjonctures économiques (OFCE), rapport « Le temps passé devant les écrans par les enfants et adolescents », 2020.
8. https://presse.inserm.fr/ecrans-et-developpement-cognitif-de-lenfant-le-temps-dexposition-nest-pas-le-seul-facteur-a-prendre-en-compte/67438/

Comment mettre en place un cadre pour limiter le temps passé devant les écrans et accompagner votre enfant ? Voici les personnages que vous pourriez incarner selon la situation.

Le Dragon et le Justicier, un duo pour une fermeté explicite et justifiée

Les enfants réclament les écrans dès qu'ils en sont dépendants et qu'ils ont atteint la maturité pour entrer en conflit d'autorité – soit vers l'âge de 8 ans en moyenne, même si cela peut arriver plus tôt ! Pour instaurer des limites sur l'utilisation des écrans, tout en évitant une trop grande frustration, rien de tel que la posture du Dragon, ferme et confiante. Mais ce peut être un vrai défi. Voici donc quelques astuces pour y parvenir.

Le Dragon, pour établir des règles claires et cohérentes

Le Dragon impose des règles claires, explicites non seulement par sa prestance et ses paroles mais aussi par ses actions. Lorsque vous incarnez ce personnage, commencez par faire en sorte qu'il n'y ait qu'**un seul écran accessible pour toute la famille** (une seule télévision dans le salon, par exemple). Mettez les autres écrans hors de portée de votre enfant : rangez l'ordinateur ou la tablette dans un bureau fermé ou dans votre chambre, en lieu sûr.

Précisez les règles concernant le temps que l'enfant peut passer devant l'écran (en minutes, en heures / semaine), les périodes pendant lesquelles les écrans sont autorisés et les types de contenu appropriés. Entre 6-11 ans, cela peut fonctionner avec la mise en place d'un tableau sous forme de « planning de la semaine », avec un temps précis fixé pour le temps d'écran de

chaque enfant, écrit noir sur blanc. Calez de préférence ces plages horaires après les devoirs et avant le repas, pour être sûr que le temps soit bien encadré.
Important : appliquez toujours ces règles de manière cohérente, afin que votre enfant sache à quoi s'attendre et ne se sente pas pris au dépourvu.

Le Dragon et le Justicier, pour expliquer les raisons des limites

Si le Dragon impressionne par les limites qu'il pose et son discours sans concession, le Justicier s'assurera que tout est compris et prendra le temps d'expliquer l'importance des règles à suivre, qui n'ont rien d'arbitraire.

- **Expliquez à votre enfant pourquoi il est important de limiter son temps d'écran**, en mettant l'accent sur les effets néfastes pour la santé, tels que la fatigue oculaire, la sédentarité et les problèmes de sommeil.
Impliquez votre enfant dans la discussion et encouragez-le à poser des questions afin qu'il comprenne les raisons qui sous-tendent ces restrictions.
Dites par exemple : « Je veux que tu comprennes que cette règle n'est pas là pour te punir. C'est pour ton bien-être. Tu as besoin de temps pour jouer dehors, lire des livres et passer du temps en famille. Les écrans peuvent être amusants, mais ils ne devraient pas être ton seul passe-temps. Il est important de trouver un équilibre. Trop de temps passé devant les écrans peut affecter ton sommeil, ta concentration et même ton humeur. En tant que parent, je dois m'assurer que tu aies de saines habitudes. »
- N'oubliez pas que **le Dragon empêche toute forme de négociation**. Pour ne pas perdre le contrôle de la situation,

n'hésitez pas avoir le dernier mot ! Et ne culpabilisez pas pour cela. Votre enfant vous remerciera plus tard, tout comme ses capacités cognitivo-comportementales.

Le Justicier, pour fixer des limites de manière progressive

Si votre enfant passe déjà beaucoup de temps devant les écrans, envisagez de fixer des limites de manière progressive, en réduisant petit à petit le temps d'écran autorisé chaque jour ou chaque semaine.

Cela permettra à votre enfant de s'habituer graduellement aux nouvelles règles sans se sentir privé brutalement. En incarnant le personnage du Justicier, vous proposez ainsi une approche juste, équilibrée, qui prouvera à votre enfant que vous vous souciez de lui, malgré cette nouvelle restriction qui peut se révéler frustrante.

Le Justicier devra impliquer toute la famille

• Impliquez tous les membres de la famille dans le processus de limitation des écrans, en vous assurant que les règles sont appliquées de manière équitable et que tout le monde soutient l'effort.

En adoptant une approche cohérente, vous renforcez l'autorité parentale et montrez à vos enfants que les règles sont respectées par tous, et que vous n'êtes pas simplement tyrannique !

Quelques exemples de règles à mettre en place (à moduler selon vos choix et l'âge de votre enfant)

Attention à ne pas les dérouler d'un ton docte en une seule fois à l'oral, cela peut être dur et surtout indigeste pour votre enfant ! Attendez plutôt que l'une de ces situations se présente pour expliquer clairement la règle. Une idée : une fois que l'enfant y a été confronté, vous pouvez l'écrire en quelques mots sur un tableau destiné à toute la famille.

Règle 1 : L'écran après les tâches prioritaires
« Après avoir terminé tes devoirs ou tes responsabilités quotidiennes, tu peux utiliser les écrans pendant 1 heure. Ensuite, nous aurons du temps en famille ou pour d'autres activités. »

Règle 2 : Un temps d'écran limité par jour
« Tu as droit à 2 heures d'écran par jour au maximum. Cela peut être divisé en segments plus courts, mais une fois que les 2 heures sont écoulées, il est temps de faire autre chose. »

Règle 3 : Des écrans seulement pendant des jours spécifiques
« Les écrans ne sont autorisés que le week-end. Pendant la semaine, nous aurons d'autres activités, comme la lecture, les jeux de société et les activités créatives. »

Règle 4 : Des écrans seulement après des activités physiques ou en plein air
« Tu peux utiliser un écran après avoir passé au moins 1 heure à jouer dehors ou à faire une activité physique. »

Règle 4 : L'écran partagé en famille
« Nous regardons ensemble un film ou jouons à des jeux vidéo en famille pendant 1 heure chaque soir. C'est un moment pour se détendre ensemble, mais après cela, chacun peut choisir ses propres activités. »

Règle 5 : Déconnecter longtemps avant le coucher
« Arrête les écrans au moins 1 heure avant le coucher. Choisis plutôt une activité relaxante comme la lecture ou le dessin pour avoir un sommeil de qualité. »

Règle 6 : La vérification des contenus avec un adulte
« Avant de regarder un nouveau contenu en ligne, assure-toi de le montrer à un de tes parents ou un autre adulte responsable pour qu'il puisse vérifier qu'il est adapté à ton âge et à nos valeurs familiales. »

Règle 7 : La variété des activités
« Essaie de varier tes activités quotidiennes pour inclure une diversité d'expériences, y compris des moments sans écran. Cela peut être la lecture, un jeu créatif ou même juste des conversations avec ta famille. »

Ce ne sont que des exemples de règles. Celles-ci doivent surtout être explicites, cohérentes et énoncées avec bienveillance, en mettant l'accent sur la promotion d'un équilibre sain entre l'utilisation des écrans et d'autres activités importantes de la vie. Si vous impliquez votre enfant dans le processus de création de ces règles et que vous lui expliquez les raisons qui motivent leur mise en place, il les acceptera plus facilement et sera sans doute plus coopérant. Plus tôt ces règles sont instaurées, mieux c'est (6-7 ans étant l'âge idéal pour une bonne réception, en évitant le plus de conflits d'autorité possible).

En suivant ces conseils et en restant ferme, vous pouvez aider votre enfant à adopter des habitudes saines et équilibrées en matière d'utilisation des écrans, tout en minimisant les frustrations et en renforçant votre autorité parentale.

Le Chat ou comment s'adapter et s'intéresser à votre enfant

Doux, bienveillant et à l'écoute, le personnage du Chat pourra compenser le sentiment de frustration des enfants dépendants aux écrans lorsqu'ils font face aux restrictions.

Offrir des alternatives attrayantes

En incarnant le Chat tout doux, proposez à votre enfant des activités alternatives qui captent son intérêt et lui offrent une expérience enrichissante. Cela peut inclure des activités de plein air, des jeux de société, des activités artistiques, etc.

Le personnage du Chat s'adapte activement à son public. En montrant de l'intérêt pour les passions de votre enfant et en les encourageant activement, vous renforcerez sa confiance en lui et sa motivation à s'engager dans d'autres activités que les écrans.

Par exemple, si votre enfant adore les mangas, organisez un *blind test* de génériques, un karaoké à thème, un quiz endiablé sur le sujet, allez avec lui en bibliothèque ou au cinéma découvrir ses héros préférés, offrez-lui des images sur cet univers… Proposez-lui une activité créative (dessin, coloriage, collage, création de bande dessinée) en prenant bien soin de valoriser le résultat, quitte à l'afficher fièrement dans un joli cadre rassemblant tous ses chefs-d'œuvre.

Soyez exemplaire !

En tant que parent, montrez l'exemple en limitant votre propre utilisation des écrans et en vous engageant activement dans des activités en famille qui n'en impliquent pas : ensemble jouez à des jeux de société, lisez des livres, écoutez de la musique ou faites des sorties en plein air, par exemple.

Ces moments partagés renforceront vos liens familiaux et montreront à votre enfant la valeur des interactions directes et du temps de qualité passé ensemble.

Pratiquer la communication ouverte et partagez vos souvenirs

Prenez le temps de discuter régulièrement avec votre enfant de ses habitudes d'utilisation des écrans, de ses préférences et de ses expériences en ligne. Assurez-vous de lui accorder votre écoute attentive et de valider ses sentiments en incarnant le personnage du Chat.

Encouragez votre enfant à exprimer ses préoccupations ou ses questions concernant la limitation des écrans. Parlez en retour de vos activités préférées lorsque vous aviez son âge, en lui donnant les exemples concrets. Parlez-en avec entrain et voyez s'il s'y intéresse pour lui proposer une reconstitution. Par exemple, mon père, quand j'étais petite, m'a raconté ses souvenirs d'enfance avec ses cousins et ses frères. Durant l'été, il organisait des petites olympiades avec de nombreux jeux d'extérieur. Un jour, il a montré des photos de cette époque, où il avait tout juste 10 ans, et des jeux qu'ils pratiquaient (tir à la corde, attraper une pomme avec les dents dans une bassine d'eau, course relais avec une balle de ping-pong sur une cuillère, le tout en maillot de bain...). Quelle joie nous avons eue, ma grande sœur et moi, d'organiser alors une reconstitution de ces olympiades dans le jardin des parents de mon père, lui faisant remonter le temps ! Quel plaisir de ressentir peut-être les mêmes sentiments que lui, avec des jeux aussi simples, en invitant les oncles, tantes et les cousins présents. Ce fut l'un des étés les plus beaux de ma vie, pour toute la famille, loin des écrans.

Offrir un soutien émotionnel et physique

En incarnant la douceur du Chat, assurez-vous que votre enfant se sent soutenu émotionnellement et physiquement. Offrez-lui des câlins, des encouragements positifs et des moments de connexion affective pour renforcer votre relation et son sentiment de sécurité. Lorsque vous posez des limites concernant les écrans, assurez-vous de le faire de manière aimante et rassurante, en expliquant à votre enfant que ces limites sont établies pour son plus grand bien.

Inspirez-vous de ces idées ; adoptez une approche douce, bienveillante et axée sur les centres d'intérêt de votre enfant. Les limites sur l'utilisation des écrans seront davantage respectées et acceptées, voire parfois complètement oubliées ! Et vous renforcerez par la même occasion votre relation avec votre enfant.

La Bonne Fée, pour récompenser les efforts fournis

Le personnage de la Bonne Fée peut récompenser l'enfant qui se détourne des écrans, sans pour autant avoir recours à des biens matériels. Que pourriez-vous offrir à votre enfant méritant ? Voici quelques exemples de cadeaux à faire à votre enfant, qui l'encourageront aussi.

Un temps de qualité en famille

Organisez des activités en famille qui encouragent l'interaction et le plaisir : des jeux de société, des sorties en plein air, des promenades ou des excursions.
Réservez régulièrement du temps pour offrir des moments de qualité avec votre enfant, en famille ou en tête en tête, où vous pouvez partager des expériences uniques. Votre connexion émotionnelle s'en trouvera renforcée.

Des privilèges spéciaux

Accordez à votre enfant des privilèges spéciaux ou des activités qu'il apprécie particulièrement en récompense du respect des règles concernant les écrans. Cela peut, par exemple, prendre la forme d'une sortie spéciale rien que pour lui, du choix du menu du déjeuner du dimanche, d'un temps supplémentaire de jeu avec vous, etc.

La reconnaissance et la louange

Félicitez et encouragez votre enfant lorsqu'il choisit de délaisser les écrans, en soulignant son comportement et les avantages qui en découlent : plus de temps pour jouer, explorer ou apprendre…
Utilisez des mots positifs pour renforcer le comportement souhaité, par exemple : « Je suis fier/fière de toi car tu as choisi de faire de la cuisine / de la peinture / cette balade… Bravo ! »

L'accès à des activités enrichissantes pour s'ouvrir à de nouvelles passions

Offrez à votre enfant la possibilité d'explorer de nouveaux centres d'intérêt loin des écrans : cours de musique, de sport, atelier d'art, ou d'autres activités qui stimulent sa créativité et son développement personnel.

Des responsabilités supplémentaires

S'il voit cela comme une récompense et non comme une corvée, accordez à votre enfant des responsabilités supplémentaires ou des tâches spéciales à accomplir à la maison en reconnaissance de son choix de ne pas utiliser les écrans. Il se sentira valorisé et utile au sein de la famille (car la plupart des enfants entre 4 et 10 ans adorent aider et jouer aux adultes responsables).

L'encouragement à l'autonomie

Encouragez et soutenez les initiatives de votre enfant pour trouver des activités alternatives qui lui plaisent et qui n'impliquent pas les écrans. Cela peut renforcer son sens de l'autonomie et lui donner le pouvoir de choisir des activités qui le rendent heureux.

Ces récompenses et ces encouragements renforceront les comportements positifs de votre enfant, tout en favorisant une relation parent-enfant saine et respectueuse.

LA GESTION D'UN CONFLIT ENTRE DEUX ENFANTS

Il existe de nombreuses raisons de conflit entre des enfants. Ces conflits peuvent avoir diverses répercussions sur le développement socio-émotionnel et sur la relation qu'ils entretiennent, dès l'âge de 2 ou 3 ans. Pourquoi les enfants se disputent-ils le plus souvent ? Comment cela se traduit-il ?
Je vous expliquerai quelles postures adopter et les personnages que vous pouvez incarner pour résoudre au mieux ces conflits intrapersonnels.

La cause d'un conflit révèle parfois la rivalité pour le regard d'un parent ou d'un autre adulte. Deux enfants peuvent se disputer l'attention des adultes, surtout si un enfant perçoit que l'autre reçoit plus d'attention ou de louanges. Ces sentiments d'injustice, de jalousie et de compétitivité entre enfants peuvent ainsi se traduire par des conflits récurrents, pour précisément obtenir l'attention des adultes.

Le Justicier, pour trouver un équilibre

Le Justicier est sans doute le personnage le plus important à incarner dans ce type de situation. Pour faire régner la justice, il doit d'abord écouter, afin de proposer une solution équitable. Il doit aussi comprendre les émotions intenses de l'enfant en souffrance.

MON EXPÉRIENCE D'ENSEIGNANTE

Un matin, en classe, nous travaillions sur un projet artistique ; chaque élève devait dessiner son animal préféré. Tout se passait bien jusqu'à ce que je remarque une agitation inhabituelle près du coin lecture. Marie et Lucas, deux de mes élèves de grande section, semblaient particulièrement excités et leurs voix montaient de plus en plus. Je m'approchai pour comprendre la situation.

– Lucas, Marie, qu'est-ce qui se passe ici ? ai-je demandé calmement.

Lucas a tout de suite pris la parole en levant la main, comme pour attirer mon attention, avant Marie.

– Maîtresse, regarde mon dessin ! C'est le meilleur lion que j'aie jamais fait ! s'exclama-t-il en me tendant fièrement sa feuille.

Marie, ne voulant pas être en reste, a rapidement riposté :

– Non, maîtresse, regarde plutôt le mien ! Moi, j'ai dessiné un magnifique dauphin, et j'ai même ajouté des vagues ! dit-elle en brandissant sa feuille sous mon nez.

Les deux enfants étaient visiblement en compétition pour capter mon attention, chacun essayant de parler plus fort que l'autre. Leur comportement commençait à perturber le reste de la classe, et il était clair qu'une intervention était nécessaire. Je me suis agenouillée à leur hauteur, posant une main rassurante sur l'épaule de chacun.

– Marie, Lucas, je vois que vous avez tous les deux mis beaucoup d'efforts dans vos dessins, et ils sont tous les deux magnifiques à leur manière, ai-je dit en regardant tour à tour leurs œuvres. Mais vous devez apprendre à partager mon attention et celle des autres. Pourquoi ne pas montrer vos dessins à vos camarades également ? Chacun pourra apprécier ce que vous avez fait.

Lucas a baissé les yeux, visiblement embarrassé, et Marie a hoché la tête, encore un peu boudeuse mais plus calme.

– D'accord, maîtresse, ont-ils répondu en chœur.

Pourtant, une fois partie vers les autres élèves, j'entendis les pleurs de Marie. Je me retournai vers elle.

– Lucas a déchiré mon dessin ! dit-elle en larmes.

– Mais c'est elle ! Elle a dit que le mien, il était moche, répondit le garçon, tout aussi bouleversé.

Je décide alors d'incarner le personnage du Dragon. Si Marie a eu une remarque irrespectueuse, détruire le travail d'un enfant est irréversible.

– Mets-toi à sa place, Lucas. Quand tu reçois une critique sur ton dessin, cela te fait perdre ton sang-froid, au point de détruire le travail de ta camarade ! Elle ne peut plus le récupérer et, à cause de ta réaction, elle vient de perdre son temps. Imagine si c'était ton dessin qui avait été déchiré... je n'ose même pas imaginer ta réaction !

Je me retourne alors vers Marie, dont le comportement méritait aussi une réaction de ma part.

– En ce qui te concerne je ne comprends absolument pas l'intérêt que tu as de critiquer le travail de Lucas, si ce n'est pour le blesser gratuitement et lui vouloir du mal ! Sa réaction n'est pas correcte, mais tu dois tout de même comprendre que si tu ne l'avais pas insulté ou critiqué, rien de tout cela ne se serait produit ; tu as donc aussi ta part de responsabilité. Donc maintenant la première chose à faire est de vous excuser mutuellement sur les torts que vous vous êtes causés l'un à l'autre ! »

Après un « pardon » boudeur exprimé par les deux parties (dans le simple but de m'obéir et de me faire plaisir), il était tout de même nécessaire de trouver une solution pour résoudre en profondeur ce conflit. Je leur ai donc proposé une idée : travailler ensemble sur un projet commun. Je leur ai suggéré de combiner leurs dessins. Lucas, pour rattraper son geste, devait laisser sur sa feuille une place pour créer une scène où son lion nagerait joyeusement dans les vagues avec le dauphin de Marie ; celle-ci devait apprendre à respecter le coup de crayon de son camarade, comprendre et s'adapter à son style, afin de marier leurs deux univers. Marie et Lucas échangèrent un regard incertain, toujours boudeurs, mais ils semblèrent intrigués par cette proposition. Avec un peu d'encouragement de ma part, ils acceptèrent. Nous avons pris ensuite le temps d'explorer leurs idées et de planifier leur projet. Au fur et à mesure que leur collaboration avançait, je vis les tensions s'apaiser et une véritable camaraderie émerger entre les deux enfants. À la fin, ils présentèrent fièrement leur création à la classe, et les applaudissements chaleureux des autres saluèrent leur réussite commune. Cette expérience les a non seulement aidés à résoudre leur conflit, mais ils ont également appris l'importance du travail en équipe et de la coopération.

Quelques stratégies pour résoudre ce type de conflit

Voici quelques stratégies de résolution de conflit que vous pouvez enseigner à votre enfant lorsqu'il se dispute avec un autre pour obtenir l'attention d'un adulte, dans le cas où les deux acteurs sont face à vous.

- **Pratiquer la patience.** Encouragez votre enfant à pratiquer la patience : il doit attendre son tour pour parler à un adulte. Expliquez-lui que chaque personne mérite d'être entendue et que l'attente de son tour est importante. Rassurez-le sur le fait que vous arriverez bientôt vers lui.

- **Utiliser des compétences de communication assertive.** Apprenez à votre enfant à exprimer ses besoins de manière assertive mais respectueuse envers les autres enfants et les adultes. Il pourra dire par exemple : « Je voudrais parler à XXX [l'adulte] après que tu as fini, s'il te plaît. »

- **Proposer une solution de compromis.** Encouragez votre enfant à proposer une solution de compromis pour résoudre le conflit (dans cet exemple, partager l'attention de l'adulte ou convenir d'un temps spécifique pour parler à l'adulte chacun son tour).

- **Encourager le respect mutuel.** Soulignez l'importance du respect mutuel entre enfants en ce qui concerne leurs besoins et leurs sentiments (notamment si un plus jeune est impliqué). Expliquez à votre enfant qu'il est important d'écouter les autres et de respecter leur tour de parole.

- **Offrir des alternatives pour obtenir de l'attention.** Encouragez votre enfant à rechercher des moyens alternatifs en attendant : trouver une activité à faire seul ou avec d'autres enfants, solliciter un autre adulte disponible.

- **Proposer la médiation d'un adulte.** Si le conflit persiste, intervenez en tant qu'adulte médiateur pour aider à résoudre le conflit, de manière équitable et pacifique. Écoutez les deux parties, posez des questions pour comprendre la situation et aidez les enfants concernés à trouver une solution acceptable pour chacun.

En enseignant ces stratégies de résolution de conflit à votre enfant, vous l'aiderez à développer des compétences sociales et émotionnelles importantes pour gérer efficacement les désaccords et les disputes avec ses pairs. Vous lui montrez également comment trouver des solutions pacifiques et respectueuses favorisant des relations saines.

Prenons l'exemple que je vous ai cité précédemment, où deux enfants se sont disputés au sein de ma classe.
Si le conflit lié à l'attention de l'adulte est une situation rapportée par votre enfant (à l'école, au centre de loisirs…), dont vous n'avez pas été témoin et sans apport de la version de l'autre enfant concerné, écoutez et interrogez votre enfant de façon calme et réfléchie.
Que votre enfant sache se remettre en question est la chose la plus bénéfique pour l'aider dans sa résolution de conflit et pour construire de bonnes habitudes pour ses futures interactions sociales.
Prenons l'exemple d'un conflit vécu par votre enfant avec un camarade sur le temps scolaire. Même s'il peut être compréhensible d'agir sous l'inquiétude et de craindre avant tout que votre enfant joue entièrement le rôle de victime, prenez

le temps de l'interroger pour une remise en question, et ne remettez pas la faute sur l'adulte responsable de surveillance sur le moment, qui fait de son mieux pour donner son attention à tous les enfants présents…

Demandez à votre enfant s'il a bien attendu son tour, s'il peut comprendre qu'il n'est pas exclusif dans la demande d'attention de l'adulte, s'il a pu se mettre aussi à la place de l'autre enfant, cela l'encouragera à développer son empathie et à ne pas penser que tout lui est dû.
En se confrontant à ce genre de frustration, l'enfant met un pied en dehors de son univers autocentré, il apprend à devenir autonome et acquiert des connaissances de savoir-être, qui lui seront bien utiles dans sa vie d'adulte.

Le Chat, pour rassurer

Lorsqu'un enfant se trouve en conflit avec un autre enfant, il est essentiel pour le parent d'intervenir de manière rassurante et constructive, comme le Chat. Surtout si votre enfant peine à verbaliser !

Exemples d'actions à mettre en pratique

• **Valider ses sentiments.** Asseyez-vous avec votre enfant, demandez-lui ce qu'il s'est passé, écoutez attentivement ses explications, en validant ses sentiments. Par exemple : « Je vois que tu es très contrarié(e). Ça peut être difficile quand tu te sens ignoré(e). »

• **Exprimer de l'empathie.** Montrez à votre enfant que vous comprenez ce qu'il ressent. Dites, par exemple : « Tu es en colère ; je comprends que tu voulais que je te regarde pendant que tu faisais quelque chose d'important pour toi. »

• **Rassurer sur l'amour et l'attention.** Rassurez votre enfant en lui rappelant qu'il est aimé et qu'il mérite également l'attention. Dites, par exemple : « Je t'aime beaucoup et je veux que tu saches que même lorsque je suis occupé(e) avec quelqu'un d'autre, tu es toujours important(e) pour moi. »

• **Encourager la communication non violente.** Conduisez votre enfant à exprimer ses sentiments de manière constructive et à trouver des solutions pacifiques à un conflit. Dites par exemple : « Tu peux dire à ton ami comment tu te sens et lui demander de te laisser calmer tes émotions. Tu pourras revenir plus tard vers lui. »

• **Offrir de l'attention.** Après le conflit, passez du temps en tête à tête avec votre enfant, pour lui montrer qu'il est important et valorisé. Proposez-lui, par exemple : « Après le dîner, nous pourrions jouer à ton jeu préféré ensemble. »

• **Encourager la résilience et l'auto-apaisement.** Aidez votre enfant à développer des compétences d'auto-apaisement en lui fournissant des stratégies pour gérer ses émotions adaptées à son âge. Dites, par exemple : « Si tu te sens triste ou contrarié(e), tu peux prendre quelques respirations profondes pour te calmer, ou écouter ce livre audio, cette musique de méditation, etc. »

• **Promouvoir la résolution de problèmes par des messages clairs.** Invitez votre enfant à trouver des solutions pour résoudre un conflit de manière positive, en lui demandant ce qu'il pourrait faire différemment la prochaine fois. Dites, par exemple : « Que pourrions-nous faire pour éviter ce genre de conflit à l'avenir ? »

Qu'appelle-t-on les messages clairs ?

Les messages clairs sont un principe essentiel dans la résolution de conflits entre enfants. Souvent mis en place dans les écoles et recommandés par l'Éducation nationale, ils consistent à communiquer de manière directe, assertive et respectueuse afin de clarifier les sentiments, les besoins et les attentes de chacun.

Les messages clairs peuvent aider à prévenir les malentendus, à favoriser la compréhension mutuelle et à résoudre les conflits de manière efficace et pacifique.

Le concept des messages clairs pour la résolution de conflits entre enfants s'inspire de plusieurs théories en psychologie, en communication et en résolution de conflits. Il n'existe pas une seule source spécifique, il est le fruit de plusieurs approches largement reconnues, comme la communication non violente (CNV), développée par le psychologue américain Marshall B. Rosenberg ; les travaux de psychologues du développement tels que Jean Piaget ou Lawrence Kohlberg ; les thérapies familiales et les thérapies cognitivo-comportementales (TCC)...

On peut ainsi adapter les messages clairs pour les utiliser avec des enfants ; cela les aide à développer des compétences de communication et de résolution de conflits. Des stratégies existent pour conduire les enfants à communiquer de manière constructive et à résoudre leurs conflits de manière positive.

Pour la résolution des conflits, les messages clairs peuvent être utilisés de différentes manières :

1. Identifier ses sentiments. L'enfant peut exprimer ses sentiments de manière claire et directe en utilisant des phrases à la première personne (pour ne pas être dans l'accusation agressive mais dans l'expression d'un ressenti). Par exemple : « Je me sens triste quand tu prends mes jouets sans me demander. » ou « Je suis en colère parce que je n'ai pas pu te montrer mon dessin car tu étais trop occupé(e) avec mon petit frère. »

2. Communiquer ses besoins. L'enfant peut communiquer ses besoins de manière assertive en utilisant des phrases comme : « J'ai besoin que tu t'occupes de moi aussi. »

3. Proposer des solutions. L'enfant peut collaborer pour trouver des solutions justes aux conflits en utilisant des phrases comme : « Est-ce que tu peux me rassurer en me disant quand tu viendras me voir ? »

En utilisant des messages clairs, les enfants apprennent à exprimer leurs sentiments, leurs besoins et leurs attentes de manière respectueuse et à écouter activement les autres. Cela favorise la compréhension mutuelle, la coopération et la résolution de conflits de manière positive. En encourageant les enfants à communiquer de manière claire et assertive dès leur jeune âge, on les dote d'outils précieux pour gérer les interactions sociales de manière constructive tout au long de leur vie.
En agissant de manière rassurante et empathique, vous pouvez aider votre enfant à surmonter parfois les conflits et à renforcer son estime de soi, sa confiance en lui et sa capacité à gérer au mieux les interactions sociales.

La Bonne Fée, pour reconnaître le succès de la résolution de conflit

Une fois le conflit résolu, félicitez votre enfant pour avoir bien géré la situation en incarnant le personnage de la Bonne Fée. Vous encouragerez la communication positive et la résolution pacifique des conflits à l'avenir. Insistez sur votre sentiment de fierté : « C'est très difficile d'exprimer ses émotions et de comprendre celles des autres quand on est dans la tristesse ou la colère. Je suis très, très, très fier / fière de toi ! » Surtout n'oubliez pas d'offrir un geste d'affection après de telles émotions ; laissez votre enfant pleurer s'il en a besoin, tout en le sécurisant avec votre étreinte.

Le Dragon, pour rappeler les limites à ne pas franchir

N'incarnez ici le Dragon que si votre enfant manque de respect à son prochain, par les mots ou les gestes. Faites-lui comprendre que ce comportement ne peut pas être accepté et qu'il doit être sanctionné.

Pour le reste, restez essentiellement dans le rôle du Chat et du Justicier dans ce type de situation. Comprendre et verbaliser ses émotions est un travail très difficile pour les enfants (comme pour les adultes, d'ailleurs). Votre enfant doit être entendu, validé et pris en considération, pour être encouragé à communiquer convenablement à l'avenir.

LA GESTION DE CONFLITS LIÉS À LA PROPRIÉTÉ ET AU PARTAGE

Les enfants peuvent se disputer à propos de jouets convoités, d'objets ou d'espaces, surtout s'ils ont du mal à partager ou à comprendre la notion de propriété.
Ces conflits peuvent provenir de sentiments de frustration, de colère et d'injustice. Les enfants non encadrés auront des difficultés à développer des compétences sociales telles que le partage et la coopération.

MON EXPÉRIENCE D'ENSEIGNANTE

J'ai souvent été témoin de ce type de conflit en classe. Je me souviens d'une fois en maternelle où deux enfants se disputaient un jouet très convoité. Plutôt que d'intervenir immédiatement, j'ai décidé d'observer comment ils allaient gérer la situation. Ils ont commencé par se crier dessus et essayer de tirer le jouet chacun de son côté. Voyant que la situation ne s'améliorait pas, je me suis approchée pour les guider. Je les ai aidés à exprimer leurs sentiments en demandant à chacun d'eux chacun à tour de rôle pourquoi ce jouet était si important pour lui. Ensuite, nous avons discuté des différentes façons dont ils pouvaient jouer ensemble avec le même jouet ou comment se relayer. Cette expérience a été une excellente occasion pour eux d'apprendre l'importance de la communication, du compromis et du partage.

Vous pouvez aider votre enfant à résoudre ce type de conflit en incarnant soit le personnage du Chat, soit le personnage du Justicier.

Le Chat, pour encourager la communication

Encouragez votre enfant à exprimer calmement ses sentiments en utilisant des phrases comme : « Je me sens triste quand je ne peux pas jouer avec cet objet » ou « J'ai vraiment envie de l'utiliser aussi. »

Apprenez-lui aussi à écouter attentivement les sentiments de l'autre enfant et à reconnaître son point de vue.

Le Justicier, pour proposer des solutions de compromis

Incitez votre enfant à proposer des solutions de compromis qui tiennent compte des besoins et des désirs des deux parties. Par exemple, les deux enfants pourraient convenir de partager l'objet en l'utilisant à tour de rôle ou pendant une période bien définie.

Encouragez-les à rechercher des solutions créatives qui répondent aux besoins de chacun, comme trouver un autre objet similaire à partager ou passer à une autre activité amusante à faire ensemble.

Le Chat, pour renforcer le renforcement positif

Lorsque vous voyez votre enfant utiliser des stratégies de résolution de conflit efficaces, comme la communication calme, le partage et la recherche de compromis, félicitez-le.

Soulignez l'importance de la coopération et de la gentillesse envers les autres.

Encouragez-le à continuer à utiliser ces compétences dans ses interactions avec ses pairs.

Le Justicier, pour encourager l'empathie

Aidez votre enfant à développer son empathie en lui demandant de réfléchir à ce que l'autre enfant ressent et de s'imaginer à la place de celui-ci.

Encouragez-le à prendre le point de vue de l'autre enfant et à considérer les conséquences de ses actions sur lui-même, ce qui peut l'aider à mieux comprendre ses propres besoins et à être plus disposé à coopérer.

La notion de propriété et de partage

Souvent, les conflits entre enfants surviennent lorsqu'ils interagissent et jouent ensemble. Et les principales problématiques qui peuvent les alimenter sont la notion de propriété et le partage. Voici ce qu'en disent les experts en psychologie et développement de l'enfant.

La notion de propriété chez les enfants se développe progressivement à mesure qu'ils grandissent. Selon Jean Piaget, les enfants traversent différentes étapes de compréhension de la propriété. Au stade pré-opératoire, les enfants peuvent avoir du mal à comprendre que les objets peuvent être possédés par d'autres et ils ont parfois tendance à revendiquer des objets comme étant exclusivement les leurs, ce qui peut entraîner des conflits lorsqu'ils jouent en groupe[9].

Le partage est un aspect essentiel du développement social des enfants, mais cela ne vient pas naturellement. C'est une compétence sociale complexe qui émerge

9. Jean Piaget, « La notion de propriété chez l'enfant », *Archives de psychologie*, 1932, n°23, p. 147-178.

progressivement à travers les interactions sociales et les expériences vécues, et que les enfants peuvent avoir du mal à partager en raison de leur compréhension émergente de la propriété et de leur égocentrisme cognitif.

La compréhension des notions de propriété et de partage est l'un des aspects cruciaux du développement social et émotionnel des enfants. Ceux-ci doivent apprendre dès leur plus jeune âge à identifier ce qui leur appartient et à respecter les possessions des autres. Cela leur permet de développer un sens de l'identité, de la responsabilité et de l'autonomie. De plus, le partage est essentiel pour établir et maintenir des relations sociales positives avec leurs pairs, en favorisant la coopération, l'empathie et la solidarité.

LA GESTION DES FRICTIONS LIÉES AUX DIFFÉRENCES DE PERSONNALITÉ ET DE CENTRES D'INTÉRÊT

Les enfants peuvent avoir des divergences de personnalité ou de centres d'intérêt, ce qui peut parfois entraîner des frictions et des malentendus.
Ces différences peuvent conduire à des conflits interpersonnels, à des sentiments d'incompréhension et d'isolement, ainsi qu'à des difficultés à maintenir des relations positives entre pairs.

MON EXPÉRIENCE D'ENSEIGNANTE

Lorsque j'enseignais en classe de CM1, pendant la récréation, j'ai assisté à un conflit entre deux de mes élèves, que nous appellerons Léo et Emma. Alors que la plupart des enfants étaient occupés à jouer ensemble, j'ai vu Léo à côté d'Emma avec sur son visage une expression de grande confusion. Je me suis approchée pour voir ce qui se passait. Léo m'a expliqué, visiblement contrarié :

– Je veux jouer avec eux, mais je n'aime pas jouer à chat !

Emma, avec d'autres enfants, jouait à chat dans la cour. Elle a répondu à Léo, un peu agacée :

– Mais on joue à chat et c'est super amusant ! Pourquoi tu veux pas jouer avec nous ?

Il était évident que Léo était frustré. Il voulait passer du temps avec ses camarades, mais le jeu proposé ne l'intéressait pas du tout :

– Je trouve ça nul. C'est pour les petits !

Emma, blessée par cette remarque et le sentiment d'avoir été infantilisée, n'a pas souhaité adresser la parole à Léo pour le reste de la journée, ce qui l'a grandement affecté.

J'ai pris quelques instants pour parler avec les deux enfants et comprendre leurs perspectives. Léo m'a expliqué qu'il préférait les jeux de construction et qu'il n'était pas très fan des jeux de course comme le chat. Emma, de son côté, a exprimé son désir de jouer avec Léo et les autres, mais elle était attachée au jeu de chat qu'ils avaient déjà commencé. J'ai suggéré à Léo de s'excuser auprès d'Emma pour les paroles blessantes, s'il souhaitait retrouver leurs bons rapports. Je l'ai donc accompagné, pour le rassurer dans cette démarche difficile, en leur permettant de verbaliser leurs émotions respectives.

Léo n'a pas contrôlé ses émotions, touché par la frustration de ne pas pouvoir jouer avec ses amis, et Emma s'est sentie triste et insultée par la remarque de Léo qui ne souhaitait pas la blesser, dans le fond.

Léo a présenté ses excuses qu'Emma a acceptées avec douceur, à condition que cela ne se reproduise plus.

Face à cette situation, j'ai suggéré à Léo et à Emma de trouver un compromis. J'ai proposé à Emma de jouer à un autre jeu avec Léo pendant une partie de la récréation, puis de retourner au jeu de chat avec ses amis par la suite. Léo a semblé soulagé par cette idée, et Emma a accepté avec enthousiasme.

Pour aider votre enfant à résoudre ce type de conflit, vous pouvez incarner, selon la situation, le Chat ou le Justicier. Vous lui donnerez ainsi les clés pour progresser dans l'acceptation de l'altérité. Et si les disputes persistent ou s'enveniment, essayez de jouer le Dragon !

Le Chat, pour apprendre à mieux comprendre l'autre

Encouragez votre enfant à essayer de comprendre les sentiments et le point de vue de l'autre. Aidez-le à reconnaître que les différences de personnalité, de culture ou de centres d'intérêt peuvent influencer la manière dont les autres agissent ou réagissent.

Par exemple, invitez votre enfant à dire une phrase dans cet esprit : « Je sais que nous avons des centres d'intérêt différents, mais j'aimerais comprendre pourquoi tu préfères faire ça. Peux-tu m'en parler ? » ou « Je me rends compte que nous ne voyons pas les choses de la même façon. Tu pourrais m'expliquer ? Ça m'intéresserait de comprendre. »

Le Justicier, pour trouver un terrain d'entente

Aidez votre enfant à identifier des points communs qui existent entre lui et l'autre personne ou les activités qu'ils peuvent aimer tous les deux, malgré leurs différences.

Encouragez les deux parties à chercher des compromis ou à inventer des solutions qui répondent aux besoins de chacun. Par exemple, si les enfants ne peuvent pas s'entendre sur le choix d'un jeu, l'un pourrait proposer un compromis en alternant entre les jeux préférés de chacun.

Le Chat, pour savoir pratiquer des messages clairs

Apprenez à votre enfant à exprimer ses sentiments et ses besoins de manière constructive, en utilisant un langage respectueux et non accusateur. Encouragez-le à utiliser « je » plutôt que « tu » pour éviter de blâmer l'autre enfant.

Par exemple, votre enfant pourrait dire quelque chose comme : « Je me sens frustré(e) / triste lorsque nous ne pouvons pas décider à quel jeu jouer ensemble… Est-ce que nous pourrions essayer de trouver un compromis / une idée pour arrêter notre dispute ? »

Le Justicier, pour favoriser le respect et la tolérance

Enseignez à votre enfant l'importance du respect et de la tolérance envers les autres, surtout lorsqu'ils présentent des différences, liées à leur personnalité, à leur culture ou leurs centres d'intérêt. Insistez sur le fait que chacun a le droit d'être autre, unique, et que ces différences doivent être respectées.

Par exemple, vous pourriez dire à votre enfant : « Il est normal qu'il existe des différences entre plusieurs personnes, mais nous devons respecter la culture, le point de vue ou les goûts des autres, même s'ils ne ressemblent pas aux nôtres. »

Le Dragon, pour imposer des limites

Si, en dépit de ces explications, votre enfant persiste à se moquer, à se disputer, voire à se battre avec un autre car il est différent de lui, il ne vous reste plus qu'une solution : incarner le personnage du Dragon.

Si votre enfant ne se sent pas en mesure de s'adapter à cette différence, pour éviter le conflit, il doit alors apprendre à s'éloigner de cette personne, mais aucunement l'agresser.

Apprenez à votre enfant à solliciter l'aide d'un adulte

- Dites à votre enfant de ne pas hésiter à demander l'aide d'un adulte de confiance si le conflit persiste ou s'intensifie et qu'il ne parvient pas à le résoudre seul.
- Assurez-vous que votre enfant se sent à l'aise pour partager ses préoccupations et demander de l'aide si besoin.
- Rassurez votre enfant en lui expliquant qu'il est normal de demander de l'aide lorsque les choses deviennent difficiles, et que les adultes sont là pour le soutenir et l'aider à trouver des solutions.

En enseignant à votre enfant ces stratégies de résolution de conflit et en les pratiquant régulièrement avec lui, vous l'aiderez à développer des compétences sociales et émotionnelles, qui lui seront très utiles tout au long de sa vie. Vous lui apprenez également l'importance de la communication respectueuse, de l'empathie et de la coopération dans la résolution des conflit avec les autres.

LA GESTION DES CONFLITS LIÉS À UN COMPORTEMENT IRRESPECTUEUX

Le respect est une notion fondamentale qui englobe la reconnaissance, l'appréciation et la considération envers les droits, les besoins et les sentiments des autres. Cela implique d'écouter activement, de faire preuve de politesse, d'empathie et de tolérance envers les opinions et les différences de l'autre. Le respect mutuel engendre des relations saines, harmonieuses et coopératives, et contribuant à la construction d'un environnement social et familial positif.

Les moments où surviennent des conflits autour de la notion de respect

- **Les limites sont transgressées.** Lorsqu'un enfant ne respecte pas les règles établies par les parents ou une autre autorité et qu'il enfreint les droits des autres enfants, cela peut entraîner des heurts.
- **La communication est altérée.** Un enfant peut éprouver qu'on lui manque de respect s'il se sent ignoré, incompris ou maltraité verbalement.
- **Les différences individuelles ne sont pas respectées.** C'est le cas d'un enfant qui ne respecte pas l'altérité, les particularités individuelles, comme les centres d'intérêt, les croyances ou les besoins des autres.

Au cours de sa croissance, votre enfant manifestera certainement, à un moment donné, des comportements irrespectueux, plus ou moins graves. En voici quelques exemples. Je vous laisse identifier ceux que vous avez déjà rencontrés…

Qu'est-ce qu'un comportement irrespectueux ?

Un langage irrespectueux
Utiliser des gros mots, des insultes ou un langage grossier envers les pairs, les adultes ou des figures d'autorité.

Avoir un ton condescendant ou désobligeant.

Le non-respect des règles et des limites
Ignorer délibérément les règles établies à la maison, à l'école ou dans d'autres cadres.

Refuser de suivre les instructions ou les demandes des adultes.

Le comportement agressif ou violent
Être violent : pousser, frapper, mordre, donner des coups de pied…

Agresser verbalement quelqu'un, menacer ou intimider.

Le manque de considération pour les sentiments des autres
Ridiculiser, moquer ou se moquer des sentiments, des croyances ou des différences de l'autre.

Ignorer ou rejeter les besoins émotionnels ou physiques de l'autre.

Le manque de politesse et de courtoisie
Ne pas dire « S'il vous plaît », « Merci » ou « Excusez-moi » lorsque c'est approprié.

Interrompre ou parler par-dessus les autres lorsqu'ils ont la parole.

Le comportement égoïste ou égocentrique
Refuser de partager ou de coopérer avec les autres.

Attendre constamment d'être le centre de l'attention ou de recevoir des privilèges spéciaux sans considération pour les autres.

Le comportement de défi ou de rébellion
Adopter une attitude de défi ou de rébellion face à l'adulte.

Remettre constamment en question l'autorité des adultes ; chercher à échapper à toute forme de contrôle.

MON EXPÉRIENCE D'ENSEIGNANTE

Pendant la récréation, une élève, Fatima, est venue me voir pour me dire que Thomas se moquait d'elle et touchait inlassablement le haut de son crâne. Je me suis donc déplacée, seule, jusqu'à lui.

– J'ai rien fait ! hurla-t-il en faisant de grands gestes brusques.

J'ai aussitôt froncé les sourcils et je me suis redressée, et j'ai dit calmement, d'un ton ferme :

– Premièrement, bonjour.

Il marqua un silence avant de répondre, sur la défensive :

– Bonjour, maîtresse...

– Bien. Deuxièmement, tu ne sais pas encore de quoi je viens te parler que tu es aussitôt sur la défensive, ce qui est plutôt louche pour quelqu'un qui n'a rien à se reprocher, tu ne penses pas ?

– Mais j'ai rien fait, j'ai tapé personne ! reprit-il d'un ton agressif.

– Déjà, taper n'est pas la seule chose irrespectueuse que l'on peut faire. Aussi, si je te dis le prénom de Fatima, cela peut te rafraîchir la mémoire ?

Il réfléchit un instant, puis son visage se ferma. Il regardait furieusement le sol. J'ai dit d'une voix presque basse :

– J'ai appris que tu te serais moqué d'elle, et que tu n'arrêtais pas de toucher le haut de son crâne. Le problème, Thomas, c'est que tous les jours il y a un conflit à résoudre à la suite de tes comportements. Quand j'entends cela, je n'ai même pas l'impression d'avoir à chercher des témoins pour vérifier ses propos, parce que je tends à la croire. Tu comprends ?

Il leva les yeux au ciel en guise de réponse, le visage toujours fermé. J'ai alors pris une voix plus assurée, et j'ai reculé d'un pas.

– Non, visiblement tu ne comprends pas. Tu ne comprends pas que faire du mal aux autres, ça passe aussi par le non-respect de leurs limites. Tu es le premier à crier quand un camarade ose poser les yeux sur toi, et tu te permets de t'acharner sur les autres ? Tu comprends que ce genre de comportement t'isole de tous ? À la fois des enfants qui ne voudront plus jouer avec toi (j'appuie mon index sur le pouce de l'autre main) et des adultes (j'appuie sur mon index), qui ne pourront plus te faire confiance ?

– C'est toujours moi, de toute façon ! contesta-t-il, en faisant un grand geste avec son bras.

– Là, oui, c'est toi, Thomas ! Et ce sera toi tant que tu ne te remettras pas en question et que tu ne t'adapteras pas aux règles ! Ces règles sont d'ailleurs importantes pour toi car tu souffres si un camarade ne la respecte pas avec toi ! Donc ce n'est pas comme si elles étaient injustes, incompréhensibles et qu'elles ne pouvaient pas te protéger non plus ! N'es-tu pas d'accord ?

Il baissa la tête à nouveau, s'asseyant avec rage sur le banc tout proche.

– Très bien, tu m'as devancée. J'aimerais que tu fasses retomber la pression avant de monter en classe. Ensuite, une fois remonté, tu écriras sur un papier ce que cela te ferait si quelqu'un se moquait de toi et ne respectait pas ton consentement pour te toucher. Et tu ajouteras ce que cela te ferait si je n'intervenais pas pour prendre ta défense ni sanctionner la personne qui te malmène. Quand tu auras compris la nécessité des règles de vie de classe et l'importance de les respecter, nous pourrons enfin nous faire confiance mutuellement, et tu n'auras plus à penser : « C'est toujours moi, de toute façon ! » J'aurai la preuve que tu as bien compris la notion de respect des autres quand tu auras présenté à Fatima des excuses sincères et réfléchies.

Thomas connaissait les limites et les enfreignait malgré tout. Se faire gronder était donc une nécessité, d'autant plus qu'il se concentrait sur sa propre injustice et ne voyait pas celles que subissaient ses camarades. Si l'ego de Thomas était atteint, ma réaction lui prouva que je pouvais agir pour protéger les autres. Le lendemain, il présenta ses excuses à Fatima, mais apaiser son tempérament tumultueux demeura un défi pendant toute l'année.

Les comportements irrespectueux des enfants peuvent être le résultat de divers facteurs, y compris l'influence de leur environnement familial, social et culturel, ainsi que leur propre développement émotionnel et comportemental. Il est essentiel pour les adultes d'intervenir de manière appropriée pour enseigner aux enfants des comportements respectueux et positifs.

Pour remédier aux comportements irrespectueux de votre enfant, vous devez établir des limites fermes et justes, tout en enseignant des leçons sur le respect et la notion de responsabilité. Pour cela, endossez le rôle du Dragon et du Justicier.

Le rôle du Dragon

Communiquer clairement vos attentes

Exprimez clairement vos attentes concernant le respect et le comportement approprié dans une situation donnée. Expliquez à votre enfant qu'il est important de traiter les autres avec gentillesse, respect et considération. Faites-lui comprendre le concept de réciprocité, que s'il ne souhaite pas recevoir un tel manque de respect, il doit aussi apprendre à se contrôler. La notion d'empathie est fondamentale pour contrer l'irrespect.

C'est à vous d'établir les règles en matière de comportement respectueux et vous devez les communiquer de façon explicite à votre enfant. Définissez des limites claires sur ce qui est acceptable et ce qui ne l'est pas, par exemple en termes de langage, de ton et de considération des autres.
Expliquez pourquoi le respect est important et quelles peuvent être les conséquences lorsqu'on ne suit pas les règles établies.

Ne faites aucun compromis lorsque les limites ont été franchies. Si vous hésitez dans votre fermeté, songez aux valeurs que vous souhaitez inculquer à votre enfant, pour éviter qu'il n'adopte un comportement néfaste, voire hors la loi à l'avenir. Songez aussi à la réaction que vous souhaiteriez qu'ait le parent d'un enfant qui violenterait le vôtre.

Le rôle du Justicier

Expliquer à votre enfant les conséquences de ses actes

Identifiez ce qui découle des comportements irrespectueux. Aidez votre enfant à comprendre que ses actions peuvent avoir un impact négatif sur les autres et sur lui-même.
Si votre enfant a eu un comportement irrespectueux envers une personne ou lui a fait de la peine, demandez-lui de s'excuser. Dans toute situation, exigez qu'il essaie de réparer les dommages causés.

Sanctionner de manière équilibrée

Choisissez des sanctions qui sont proportionnées à la gravité du comportement irrespectueux. Assurez-vous que la sanction est adaptée à l'âge et au stade de développement de votre enfant.
Par exemple, si votre enfant utilise un langage irrespectueux envers un adulte ou s'il a ridiculisé un autre enfant, il pourrait être privé de certains privilèges, tels que l'utilisation des écrans pendant un certain temps.

Incarner vous-même un modèle de comportement respectueux

Servez d'exemple ! Adoptez vous-même un comportement respectueux envers les autres. Montrez à votre enfant comment on peut résoudre les conflits de manière apaisée et comment on peut exprimer ses opinions sans hausser le ton ni menacer qui que ce soit.
Les enfants apprennent beaucoup en observant le comportement des adultes autour d'eux. Par conséquent, il est essentiel que les parents modélisent un comportement respectueux dans leurs interactions avec les autres, y compris avec leur enfant.

Évitez vous-même, le plus possible, les comportements irrespectueux, tels que le langage grossier, les critiques constantes ou le non-respect des limites personnelles des autres. Si vos paroles ont dépassé votre pensée et que vous avez manqué de respect à votre enfant, n'hésitez pas à vous excuser ; expliquez que même les adultes doivent assumer la responsabilité de leurs paroles et actions. Ce sera précieux pour votre enfant.

Je le rappelle : les sanctions doivent être utilisées de manière éducative et constructive, dans le but d'enseigner à l'enfant des leçons sur le respect, la responsabilité et les conséquences de ses actions. Leur but n'est pas d'humilier l'enfant.

Votre rôle de parent est aussi de fournir un soutien émotionnel et des encouragements pour aider votre enfant à apprendre et à grandir à partir de ces expériences.

MON EXPÉRIENCE D'ENSEIGNANTE

En classe, j'organise souvent des activités telles que le jeu de rôle, des discussions sur les sentiments, des débats sur les conséquences des comportements irrespectueux envers les autres. Cela permet de renforcer chez les élèves les compétences sociales et émotionnelles.

Je choisis aussi de raconter certaines histoires sur cette thématique, par exemple, *Le Vilain Petit Canard* de Hans Christian Andersen, *Mon ami* d'Astrid Desbordes, *Le jour où je suis devenue plus méchante que le loup* d'Amélie Javaux, *Loulou* de Grégoire Solotareff, *Horton entend un zou !* du Dr Seuss, *Tous pareils !* d'Édouard Manceau... Et je propose, quand c'est possible avant les vacances, le visionnage de films sur le respect des autres. Voici mes conseils : les dessins animés *Dumbo, l'éléphant volant* de Walt Disney et *Les Enfants loups, Ame et Yuki* de Mamoru Hosoda ; les films *Billy Eliott* de Stephen Daldry et *Wonder* de Stephen Chbosky ; pour les plus grands (à partir de 12 ans) *Elephant Man*, pour expérimenter l'empathie.

Le rôle du Chat

Dans un cadre bienveillant, à l'écoute, guidez votre enfant pour qu'il adopte toujours des comportements respectueux.

Inviter à faire part de ses émotions

Encouragez votre enfant à exprimer ses émotions de manière appropriée et à reconnaître les émotions des autres. La communication ouverte et le renforcement positif permettront à votre enfant de se sentir soutenu dans ses efforts.

Pratiquer la communication ouverte

Laissez votre enfant revenir vers vous, montrez-lui que vous êtes ouvert(e) à son changement de comportement, que vous êtes prêt(e) à la paix et aux retrouvailles, en toute complicité. Cela l'encouragera à se rapprocher de vous et à communiquer ses états d'âme. Vous renforcerez sa confiance.

CHAPITRE 4

Des liens de communication solides et durables

Pour instaurer une autorité efficace et positive, il est essentiel d'établir avec votre enfant une relation forte faite de communication, de complicité, d'affect (c'est-à-dire qui repose sur des sentiments, des émotions et des interactions émotionnelles). Voici pourquoi.

De bonnes relations entre parent et enfant favorisent la confiance mutuelle. Votre enfant se sentira en sécurité, en confiance, notamment pour suivre les règles que vous établissez, car il saura que ces directives sont fondées sur l'amour et le souci de son propre bien-être. Avec une relation construite sur la complicité et la communication ouverte, vous pourrez plus aisément comprendre les besoins, les préoccupations et les désirs de votre enfant.

Le Justicier, pour rechercher des solutions ensemble

Endossez le rôle du Justicier pour définir et améliorer les règles au quotidien.

Si votre enfant, par exemple, exprime qu'il a du mal à se concentrer pendant les devoirs, vous pouvez explorer ensemble des solutions, comme

des pauses régulières ou un environnement de travail plus calme. En prenant en compte le point de vue de votre enfant, vous montrez que vous valorisez ses sentiments et ses opinions, ce qui renforce son estime de soi et sa confiance en vous. Cela facilitera également l'adoption de comportements positifs et le respect des règles, car votre enfant percevra celles-ci comme justes et bienveillantes.
Concernant le rangement, vous pouvez expliquer à votre enfant pourquoi il est important de ranger ses jouets en insistant sur le fait que cela permet de les retrouver plus facilement et de jouer en toute sécurité. Il sera peut-être plus enclin à le faire. Cette approche aide à instaurer un environnement harmonieux où les règles sont perçues non comme des contraintes, mais comme des moyens de vivre ensemble de manière respectueuse et aimante.

Vous établirez des limites et formulerez des attentes de manière plus respectueuse et adaptée – ce qui favorisera une autorité juste et bienveillante.

Complicité, affect et communication

De nombreux psychologues ou sociologues ont démontré l'importance de la complicité, de l'affect et du lien de communication dans l'établissement de l'autorité parentale et dans le développement global de l'enfant. Voici quelques références à ce propos.

La confiance et l'attachement
Selon les travaux de John Bowlby, psychologue et psychiatre britannique, une relation sécurisante entre parent et enfant, fondée sur un attachement sûr, favorise le

développement émotionnel sain de l'enfant et renforce sa confiance envers le parent[1].

La communication ouverte et la résolution de conflits
La chercheuse Fabienne Berton et ses collègues ont montré que la communication ouverte et l'écoute empathique des parents favorisent une résolution de conflits plus efficace au sein de la famille, réduisant ainsi stress et tensions[2].

Le lien social au sein de la famille
Le sociologue français Serge Paugam a analysé le concept de lien social et la solidarité au sein de la famille. Il explique comment la reconnaissance mutuelle et le respect sont essentiels pour renforcer les liens familiaux et créer un climat de confiance et de bien-être. Il étudie également les implications de ces dynamiques sur la cohésion sociale globale[3].

Le modèle du comportement parental
Enfin, selon les recherches de l'Américaine Diana Baumrind, psychologue du développement, un style parental chaleureux et soutenant, associé à des limites claires et à une communication ouverte, favorise le développement de l'estime de soi et des compétences sociales chez l'adolescent[4].

Lorsqu'il existe une relation de confiance, les enfants sont plus enclins à respecter les limites établies par leurs parents.

1. John Bowlby, *L'Attachement*, PUF, 2002, trad. de l'anglais par J. Kalmanovitch.
2. F. Berton, L. RoChat, J. Dan et J. Rossier, J., « Perceived Parental Bonding, Communication, and Children's Anxiety: Exploring the Link », *Journal of Child and Family Studies*, 2012, vol. 2, n° 2, p. 243-250. Voir aussi F. Berton (dir.), *Faire famille aujourd'hui*, Presses universitaires de Rennes, 2022.
3. Serge Paugam, *Le Lien social*, Que sais-je ?, 2022.
4. D. Baumrind, « The Influence of Parenting Style on Adolescent Competence and Substance Use », *Journal of Early Adolescence*, 1991, vol. 11, n° 1, p. 56-95.

Communiquez ces règles et ces limites de manière calme et assertive. Votre enfant sera certainement plus susceptible de les respecter s'il ressent de l'affection et de la compréhension de votre part. Les 5 personnages à incarner vous épauleront sur ce chemin. Par exemple, le Chat vous montrera comment une relation de communication ouverte peut vous aider à résoudre les conflits de manière constructive. Plutôt que de recourir à des méthodes autoritaires ou punitives, vous pouvez, par exemple, encourager votre enfant à exprimer ses émotions et ses préoccupations, tout en travaillant ensemble pour trouver des solutions.

Vous êtes un modèle !

Les enfants apprennent par l'exemple. En établissant une relation de complicité et de communication avec votre enfant, vous lui montrez l'importance de l'empathie, de l'écoute et du respect mutuel dans les relations interpersonnelles. Cela l'aidera à internaliser des modèles de comportement positifs.

• Quand vous prenez le temps d'écouter patiemment, sincèrement votre enfant lorsqu'il vous parle de sa journée, vous lui montrez comment prêter attention aux autres et valoriser leurs expériences.

• Si vous vous excusez lorsque vous avez commis une erreur, vous lui enseignez l'importance de reconnaître ses fautes et de faire preuve d'humilité.

• Lorsque vous résolvez des conflits calmement et de manière respectueuse, vous lui montrez comment gérer les désaccords de manière constructive.

- En exprimant régulièrement votre gratitude pour les petites choses que fait votre enfant, vous lui enseignez l'importance de la reconnaissance.

Tous ces exemples permettent à votre enfant de voir concrètement comment se comporter de manière empathique et respectueuse avec les autres.

Afin de tisser des relations fortes avec votre enfant, vous pouvez incarner différents personnages, selon les objectifs visés et les moments : le Justicier, la Bonne Fée, l'Âne et bien entendu le Chat. Je vous explique pour quelles raisons.

Le Chat câlin

En jouant le Chat, vous offrez à votre enfant un soutien émotionnel, de l'affection et du réconfort. Comme un matou doux et attentionné, vous êtes là pour l'écouter, le câliner et l'apaiser lorsqu'il en a besoin.

Cette approche créera un sentiment de sécurité et de confiance chez votre enfant, lui permettant de se sentir aimé et soutenu. Et cela favorisera une communication ouverte et honnête entre vous et votre enfant.

L'Âne blagueur

En adoptant le rôle de l'Âne, vous chercherez à égayer l'atmosphère et à susciter le rire et le jeu chez votre enfant. Utilisez l'humour et la légèreté pour renforcer le lien affectif et créer des moments de complicité.

Cette approche ludique et divertissante permet de faire un pas de côté et de réduire le stress ; la communication entre parent et enfant sera davantage joyeuse et spontanée.

Le Justicier protecteur

Sous la cape du Justicier, vous assumerez le rôle de protecteur et de défenseur de votre enfant. Le Justicier, on l'a vu, intervient pour corriger les injustices, résoudre les conflits et assurer la sécurité de votre enfant. Il est aussi le garant de son bien-être.
Cette approche montre à votre enfant qu'il peut compter sur vous pour le soutenir et le protéger, ce qui renforcera le lien de confiance et de proximité entre vous deux.

La Bonne Fée rassurante

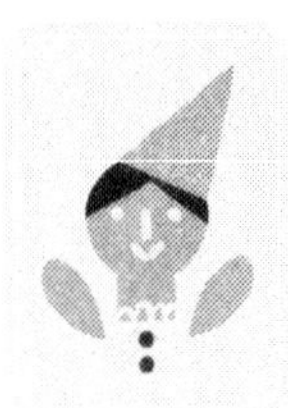

Incarner le personnage de la Bonne Fée peut être une approche efficace pour renforcer le lien de communication et de confiance avec votre enfant. Avec des récompenses, vous encouragerez des comportements positifs chez lui et renforcerez son estime de soi. Cependant, il est essentiel de choisir des récompenses adaptées et de les utiliser de manière cohérente et équitable.

Comme je l'ai déjà expliqué précédemment, les récompenses ne doivent pas nécessairement être matérielles ; elles peuvent prendre la forme d'éloges, de moments spéciaux en famille ou de privilèges comme du temps supplémentaire de jeu. Sous les traits de la Bonne Fée, vous montrez à votre enfant que vous remarquez et appréciez ses efforts, ce qui renforcera son désir de coopérer et de bien se comporter.

Attention, cependant, à ne pas user des récompenses de manière excessive. L'objectif est avant tout de renforcer les comportements positifs de votre enfant afin qu'ils lui deviennent naturels. Son attitude ne doit pas être motivée par la seule perspective d'une récompense. En trouvant un équilibre entre récompenses et encouragements verbaux, vous créez un environnement où votre enfant se sentira soutenu, valorisé et en confiance pour communiquer avec vous.

En combinant ces différents rôles – celui du Chat, de l'Âne, du Justicier et de la Bonne Fée –, vous créerez un environnement familial sécurisant, joyeux et bienveillant, où votre enfant se sentira aimé, soutenu et respecté. Cela favorisera une communication de confiance mutuelle et un lien de proximité solide.

La complicité et le lien de proximité dans une routine familiale

Nous allons explorer ensemble un aspect essentiel de la relation parent-enfant : la complicité au quotidien. À travers des gestes simples et des moments partagés, en incarnant différents personnages, vous découvrirez comment cultiver cette complicité dans la vie quotidienne. Car c'est dans ces moments de tous les jours que se tissent les liens les plus profonds et les souvenirs les plus précieux avec nos enfants.
La complicité, c'est bien plus que de simples interactions. C'est un lien émotionnel fort, fondé sur la confiance, le respect mutuel et l'affection. C'est une connexion spéciale qui unit les parents et les enfants, leur permettant de se comprendre, de se soutenir et de s'épanouir ensemble.
Que vous soyez déjà proche de votre enfant ou que vous cherchiez à développer une relation plus complice, ce chapitre vous

guidera dans cette quête enrichissante. Car la complicité est un trésor précieux, à cultiver avec soin et à chérir chaque jour.

LE MATIN AU RÉVEIL

Réveiller votre enfant le matin peut parfois être une tâche difficile, surtout les jours où tout le monde est pressé et de mauvaise humeur… Mais pourquoi ne pas rendre ce moment plus amusant, voire mémorable ? Je vous propose plusieurs idées pour réveiller votre enfant avec tendresse et humour, créant ainsi une atmosphère joyeuse et positive dès le début de la journée. Choisissez le personnage à incarner en fonction de la personnalité et des besoins de votre enfant ; suivez surtout votre instinct ! Testez : incarnez un jour le Chat, essayez un autre jour l'Âne… Voyez ce qui plaît le plus à votre enfant et n'hésitez pas à parfois changer, selon votre humeur aussi. Par exemple, évitez le personnage de l'Âne si la journée s'annonce chargée et stressante afin d'éviter de trop exciter votre enfant dès le matin. Optez pour la Bonne Fée ou le Chat si la veille a été rude pour votre enfant. Incarnez l'Âne si votre enfant a besoin d'un boost de bonne humeur et de confiance en lui pour affronter une nouvelle journée pleine d'enjeux et de défis…

Le Chat tout doux

Le câlin du matin

Chaque matin, prenez quelques minutes pour accueillir votre enfant avec un câlin chaleureux aussitôt qu'il se réveille. Enveloppez-le dans vos bras, murmurez-lui des mots doux et laissez-le sentir votre amour et votre affection dès le commencement du jour.

Le réveil en douceur

Utilisez un bruit blanc ou une musique relaxante pour réveiller votre enfant en douceur. Créez une atmosphère apaisante dans sa chambre et laissez-le se réveiller naturellement, sans stress ni agitation. L'option câlin est de mise si votre enfant est demandeur ou réceptif.

Le réveil en musique

Utilisez une application de réveil sur votre téléphone pour programmer une musique joyeuse qu'il adore ou des sons amusants. Pour cela, incarnez le personnage du Chat qui aime faire plaisir et qui connaît les goûts de son petit Chaton. Lorsque l'alarme sonnera, votre enfant se réveillera avec le sourire aux lèvres.

L'Âne boute-en-train

La chanson du réveil

Commencez la journée en chantant vous-même une chanson de réveil joyeuse et entraînante ! Rien de plus absurde que de commencer la journée en caricaturant les chansons de dessins animés ou les comédies musicales de Broadway. Choisissez une des chansons préférées de votre enfant ou créez-en une ensemble. Parodiez, par exemple, le début de la chanson « Belle » du dessin animé *La Belle et la Bête* de Walt Disney. Incarnez le personnage de l'Âne à fond. Avec ce rituel, si votre enfant a de l'humour, l'effet est garanti.

Les mots rigolos du matin

Réveillez votre enfant en lui disant des mots rigolos ou des devinettes. Par exemple : « Bonjour, mon petit rayon de soleil ! Que tu es beau aujourd'hui, Oh là là ! Le monde va s'écrouler à tes pieds, j'entends déjà tes fans te réclamer dehors en criant ton nom ! Attention, non, ne te lève pas trop vite... S'ils te voient ils pourraient s'évanouir devant tant de beauté divine ! » Jouez avec outrance, sans aucune modération dans votre voix. Pour ce genre de scène, par exemple, prenez l'intonation exagérée de l'archétype d'un grand styliste de mode.

La Bonne Fée magicienne

Le réveil surprise

Préparez une petite surprise pour réveiller votre enfant. Cachez un petit objet, une petite fleur ou un petit message doux sous son oreiller ou à côté de son lit. Quand il se réveillera, il sera ravi de découvrir ce petit cadeau inattendu.

Le réveil en pyjama party

Vous avez du temps devant vous, un dimanche matin, par exemple ? Organisez une pyjama party matinale ! Portez tous vos pyjamas les plus drôles et les plus colorés, et servez un petit déjeuner spécial dans le salon. Votre enfant adorera cette ambiance décontractée et festive dès le réveil. N'hésitez pas à la ritualiser, par exemple tous les premiers dimanches du mois.

En utilisant ces idées créatives et amusantes, vous transformerez le rituel du réveil en un moment de complicité et de bonne humeur avec votre enfant. N'hésitez pas à adapter ces idées à la personnalité et aux préférences de votre enfant pour créer des réveils inoubliables !

LE MOMENT LECTURE AVANT LE COUCHER

Dès ses 6-9 mois et jusqu'à ce que votre enfant soit un lecteur autonome (vers 8 ans), avant le coucher, créez un rituel de lecture où vous pouvez vous pelotonner ensemble sous une couverture douillette. Choisissez des livres qui plaisent à votre enfant et lisez-les ensemble, en prenant le temps de commenter les illustrations et de discuter des histoires.
Quels personnages incarner alors ? Avec la figure de l'Âne, vous pourrez mettre en pratique quelques exemples de théâtralisation. Le Chat, lui, mettra l'accent sur la complicité de ces moments. Et la Bonne Fée, bien entendu, invitera à la métamorphose !

L'Âne, un vrai comédien

Changez de voix et d'intonation

C'est un vrai plus ! Jouez les différents personnages de l'histoire en changeant votre voix et adaptez votre intonation à leurs caractéristiques. Par exemple, utilisez une voix grave et profonde pour un personnage sérieux, une voix aiguë et enjouée pour un personnage comique, ou une voix tremblante pour un personnage effrayé. N'ayez jamais peur d'être ridicule et amusez-vous !

Ajoutez des bruitages

Utilisez des bruitages simples pour créer de l'ambiance durant votre lecture. Par exemple, imitez le bruit du vent en soufflant doucement dans vos mains, le son des pas en tapant du pied sur le sol ; reproduisez les cris d'animaux mis en scène dans l'histoire. Les enfants adorent cette touche ludique !

Intégrez des expressions faciales et des gestes exagérés

N'oubliez pas des expressions faciales choisies et des gestes précis pour donner vie aux personnages de l'histoire. Exagérez vos expressions pour les rendre plus drôles et engageantes. Par exemple, grimacez lorsque le personnage est effrayé, souriez largement lorsqu'il est heureux ou clignez des yeux rapidement lorsque le héros est surpris.

Interagissez avec votre public

Impliquez votre enfant dans la lecture en lui posant de temps en temps des questions sur l'histoire, en lui demandant de prédire ce qui va se passer ensuite avant de tourner la page… S'il sait lire, vous pouvez aussi lui proposer de lire avec vous les dialogues et jouer le rôle de certains personnages. Cette interaction rendra la lecture plus interactive et divertissante pour tous.

Ajoutez des commentaires humoristiques

Intégrez des commentaires humoristiques tout au long de la lecture pour faire rire ou sourire votre enfant. Par exemple, faites des remarques sur les actions des personnages, sur les rebondissements de l'histoire ou sur les illustrations du livre. N'hésitez pas à improviser et à laisser libre cours à votre créativité !

MON EXPÉRIENCE D'ENSEIGNANTE

Lors de ma première année en tant qu'enseignante en maternelle, mon moment préféré était certainement la lecture offerte à mes élèves. Quel plaisir de leur lire des histoires de loup, telles que *Le loup est revenu !* ou *Et pourquoi ?*[5] ! Mes intonations très exagérées provoquaient toujours de grands moments de joie chez les petits. En effet, outre leurs éclats de rire, je constatais que le plaisir de cette lecture était mutuel, et que ma théâtralisation favorisait la compréhension de l'histoire. (Quel personnage s'exprime ? Que ressent-il ?)

L'expressivité que je déployais lors de ces séances donnait l'envie aux élèves de connaître la suite de l'histoire ou même de se la réapproprier plus tard, en parcourant de nouveau l'album, seul ou à plusieurs, en autonomie (en reproduisant parfois les intonations de ma voix et en réinvestissant la chronologie de l'histoire, prouvant leur écoute active et leur compréhension).

Le Chat complice

Inventez des histoires et jouez-les

Organisez des séances de jeu de rôle avec votre enfant, durant lesquelles vous pourrez tous les deux vous amuser à inventer des histoires, à jouer à des personnages et à explorer votre imagination.

Soyez un Chat câlin en participant activement à ces jeux et en partageant des moments de complicité ludique avec votre enfant.

5. Michel Van Zeveren, *Et pourquoi ?*, L'École des loisirs, 2008 ; Geoffroy de Pennart, *Le loup est revenu !*, Kaléidoscope, 1994.

La Bonne Fée créatrice

Créez des costumes et des accessoires

Si votre enfant manifeste un réel plaisir pour la lecture, et que son comportement exemplaire mérite une belle récompense, créez un moment d'exception. Transformez votre séance de lecture en véritable spectacle en créant des costumes et des accessoires simples pour les personnages de l'histoire. Utilisez des vêtements et des objets que vous avez à la maison pour créer des déguisements improvisés et laissez vos enfants participer à la préparation.

En suivant ces conseils et en ajoutant votre touche personnelle, vous pouvez transformer vos séances de lecture du soir en moments drôles et inoubliables pour toute la famille. Alors, sortez vos livres préférés, laissez libre cours à votre imagination et préparez-vous à vivre des aventures extraordinaires ensemble !

Les bienfaits psychologiques de la lecture à voix haute

Le renforcement du lien parent-enfant
La lecture à voix haute crée un moment de partage et de proximité entre le parent et l'enfant. Ce rituel régulier renforce les liens affectifs, contribuant à un sentiment de sécurité et de bien-être. Un enfant se sent aimé et valorisé lorsqu'un parent lui offre ce temps précieux.

La stimulation du développement cognitif
La pratique de la lecture à voix haute stimule le développement du langage et des compétences cognitives de

l'enfant. Elle favorise l'acquisition de nouveaux mots, la compréhension des structures grammaticales ainsi que la capacité à suivre des narrations complexes.

L'amélioration de la concentration et de l'attention
Elle aide l'enfant à développer sa concentration et son attention. Il apprend à rester attentif et à suivre des histoires, ce qui améliore son écoute active et sa patience.

Le développement de l'imagination et de la créativité
Les histoires lues à voix haute nourrissent l'imagination d'un enfant. Il visualise les scènes, les personnages et les événements, ce qui stimule sa créativité et sa capacité à penser de manière abstraite.

La régulation des émotions
Les moments de lecture partagés aident l'enfant à réguler ses émotions. La voix apaisante du parent et les histoires captivantes offrent une échappatoire émotionnelle et aident à réduire le stress et l'anxiété.

Des compétences sociales
La lecture à voix haute peut améliorer les compétences sociales. Elle aide l'enfant à comprendre les émotions et les motivations des personnages, ce qui favorise l'empathie et la compréhension d'autrui.

Une communication ouverte
Les discussions autour des histoires lues à voix haute encouragent l'enfant à poser des questions et à exprimer ses pensées et ses sentiments, ce qui renforce la communication ouverte avec son parent.

COMMUNIQUER APRÈS UNE JOURNÉE D'ÉCOLE OU DE LOISIRS

Les enfants ont parfois du mal à communiquer sur leur journée. En maternelle, la notion du temps est encore fragile et

réorganiser la chronologie des événements peut être délicat. Entre 6 et 12 ans, l'enfant consolide sa connaissance du temps qui passe et peut raconter plus facilement sa journée...
Si certains deviennent plus bavards en grandissant, d'autres veulent laisser le passé derrière eux et ne pas perdre une seconde en se replongeant dans leurs souvenirs d'école et de labeur, afin de pouvoir enfin se reposer et s'amuser. Si à votre question : « Qu'est-ce que tu as fait à l'école aujourd'hui ? » vous ne recevez qu'en réponse un « Rien. », sachez donc que vous n'êtes pas un cas isolé... De nombreux parents font face à cette situation. Il est important de comprendre les raisons qui se cachent derrière ce comportement.

Pourquoi votre enfant ne raconte-t-il pas volontiers sa journée ?

- **Fatigue et surstimulation.** Après une journée bien remplie à l'école, les enfants peuvent se sentir fatigués et surstimulés. Ils ont parfois besoin de temps pour se détendre et se reposer avant de pouvoir exprimer leurs sentiments et revenir sur leurs expériences de la journée.

- **Manque de vocabulaire.** Les jeunes enfants peuvent avoir du mal à trouver les mots pour exprimer ce qu'ils ont vécu ou ressenti pendant la journée. Ils peuvent se sentir frustrés ou découragés s'ils ne parviennent pas à verbaliser leurs pensées de manière claire et précise.

- **Besoin de temps pour traiter les informations.** Les enfants ont parfois besoin de temps pour assimiler ce qu'ils ont appris ou vécu pendant la journée. Ils peuvent devoir réfléchir à leurs expériences avant de pouvoir les partager avec d'autres.

- **Peur du jugement ou de la réprimande.** Certains enfants ont peur de partager des détails sur leur journée par crainte d'être jugés ou réprimandés par leurs parents. Ils peuvent craindre de décevoir ou de contrarier leurs parents en révélant certains aspects de leur journée.

- **Préoccupations ou problèmes non résolus.** Si un enfant rencontre des difficultés à l'école, comme des conflits avec des camarades de classe ou des difficultés académiques, il peut être réticent à en parler par peur de susciter des inquiétudes ou des problèmes.

Si vous avez en tête ces diverses raisons, vous pouvez adopter des stratégies pour encourager la communication avec votre enfant et créer un environnement ouvert et sécurisant, où il se sente à l'aise pour partager ses expériences et ses émotions.

Mes conseils

Voici quelques conseils pour encourager votre enfant à échanger sur sa journée après l'école. En favorisant une communication efficace avec votre enfant, vous renforcerez les liens familiaux.

Vous pourrez successivement, au gré des conversations, incarner différents personnages :

- le Justicier : équilibrez la prise de parole de façon juste dans ce moment familial ;
- l'Âne : rebondissez avec humour sur certaines anecdotes, ou partagez-en des tout aussi drôles ;
- le Chat : intéressez-vous aux ressentis de l'autre et au partage de ses émotions.

Créez un moment de rituel de discussion

Établissez un moment spécifique, régulier, pour discuter de la journée de votre enfant. Que ce soit pendant le dîner ou avant le coucher, créez une routine qui permet à votre enfant de partager ses expériences.

Ce temps de discussion ne doit pas se faire de suite après l'école. Demandez simplement s'il a passé une bonne journée et laissez-le souffler. N'oubliez pas que votre enfant vient de passer une grosse journée de travail et ne souhaite pas s'y replonger psychologiquement aussitôt. Contentez-vous du minimum (sauf, bien entendu, s'il a besoin d'extérioriser en urgence à la suite à une situation de crise) ; vous reviendrez dessus en prenant le temps nécessaire.

L'intérêt de parler de sa journée au moment du partage d'un repas

Plusieurs études soulignent l'importance de parler de sa journée au moment du partage d'un repas.

L'INSEE (Institut national de la statistique et des études économiques) a mené une enquête en 2016 sur les habitudes alimentaires des Français. Celle-ci a mis en évidence le rôle central des repas en famille dans la communication et le partage d'expériences, notamment parce qu'ils permettent à chaque membre de la famille de discuter de sa journée.

L'organisme Santé publique France a montré l'importance des interactions familiales, comme les repas partagés, pour le développement cognitif et émotionnel des enfants. Selon une enquête, les repas en famille permettent aux enfants de développer leur estime de soi et leur sécurité affective, éléments essentiels pour leur bien-être général[6].

Laetitia Bluteau, psychologue et spécialiste notamment des problématiques liées à l'attachement, met en avant des méthodes pour améliorer la communication et le respect mutuel entre parents et enfants, comme le partage des tâches quotidiennes et le *mirroring* (ou synchronisation, un phénomène naturel qui fait que l'on s'ajuste à l'autre, on se met sur la même fréquence et dans la même dynamique que lui)[7].

Posez des questions ouvertes

• Au lieu de demander simplement « Raconte-moi ta journée », posez des questions ouvertes qui encouragent votre enfant à partager des détails spécifiques. Par exemple, « Qu'as-tu préféré aujourd'hui ? », « As-tu fait quelque chose de drôle ? » ou « Y a-t-il quelque chose qui t'a rendu triste ? » en incarnant le personnage doux du Chat.

• Vous pouvez aussi donner l'exemple en faisant part d'un moment joyeux de votre journée, une blague d'un collègue, une nouvelle mission un peu difficile (rendez votre discours accessible à votre enfant), cette fois en passant par la théâtralisation de l'Âne. Les pitreries mettent en confiance et donnent envie de se joindre au mouvement.

6. Santé publique France, *Développement de l'enfant : l'apport des neurosciences*, 2017.
7. Laetitia Bluteau, *Relation parent-enfant : quatre façons de créer du lien et d'apaiser les tensions*, 2023, Laetitiabluteau.fr.

• N'oubliez pas que ce qu'un enfant déteste le plus, c'est l'infantilisation, le fait de sentir considéré comme un bébé. Il n'appréciera pas qu'on lui pose des questions sur sa journée sans qu'on s'en préoccupe sincèrement et que les adultes discutent de leur journée entre eux en le mettant à l'écart. En partageant avec lui des éléments de votre journée (accessibles à sa compréhension), vous pouvez incarner le personnage du Justicier. Votre enfant se sentira pris en considération et racontera plus volontiers ses expériences personnelles.

Écoutez activement

Lorsque votre enfant parle, écoutez-le attentivement sans l'interrompre. Montrez-lui que vous êtes intéressé(e) par ce qu'il a à dire en lui accordant toute votre attention et en posant des questions de suivi pour approfondir la conversation.

Impliquez-vous dans les activités parascolaires

Si votre enfant participe à des activités parascolaires, assistez à ses représentations ou compétitions. Discutez avec lui de son expérience, de son plaisir ou de ses difficultés.. Laissez-le parler de ses goûts et de ses projets. Cela lui montrera que vous vous intéressez (aussi) à ce qu'il fait en dehors de l'école.

Faites preuve de patience et de persévérance

À la fin de certaines journées, votre enfant peut ne pas être d'humeur à parler ou il peut avoir besoin de temps pour se détendre avant de partager. Faites preuve de patience et continuez à lui montrer que vous êtes là pour l'écouter quand il se sentira prêt.

En suivant ces conseils, vous pouvez encourager votre enfant à communiquer sur sa journée après l'école, vous renforcerez ainsi votre lien affectif et créerez un espace ouvert où il se sent à l'aise pour partager ses expériences et ses émotions avec vous.

Mise en pratique
Exemple d'échanges lors d'un repas en famille

Le dîner est prêt et toute la famille se rassemble autour de la table.

Parent (le Chat) : Alors, comment s'est passée ta journée à l'école aujourd'hui, mon chéri ?
Enfant : Hmm, c'était bien. Rien de spécial.
(Souriez, n'insistez pas, pas d'inquisition et enchaînez sur votre journée.)

Parent (l'Âne) : Eh bien, laisse-moi te raconter quelque chose qui m'est arrivé aujourd'hui. Pendant ma réunion de travail cet après-midi, mon stylo a soudainement explosé ! Tu peux imaginer ma surprise quand j'ai vu de l'encre bleue partout sur mon visage ! *(Mimez la scène, soyez dans l'exagération, ajoutez des détails drôles, des mimiques ou réactions d'autres acteurs… Faites en sorte que votre enfant rie et se détende. S'il vous pose des questions, c'est très bon signe.)* Tout le monde a éclaté de rire, la hoooonte, mais bon maintenant je peux en rire. Tu as déjà assisté à une scène superdrôle et embarrassante à l'école, toi ?
Enfant : Oh, je me souviens maintenant ! Pendant la récréation, Lucas a fait tomber son cartable et toutes ses affaires sont tombées par terre, il a eu peur et il a poussé un cri super aigu.
Parent (l'Âne) : Ah oui ? Quel genre de cri ? Plutôt « AAAAAH » ou plutôt « IIIIIH » ?
Enfant : Ahaha, plutôt « OOOOOAAAAH » ! C'était tellement drôle, tout le monde riait et lui aussi ! Mais j'ai aidé Lucas à ramasser ses livres, et après, on a rigolé ensemble.
Parent (le Chat) : Merci d'avoir partagé cette histoire, mon chéri. C'est génial que tu aies aidé Lucas, c'est très gentil de ta part. Tu vois, même les petites choses peuvent rendre une journée spéciale.

Continuez de savourer votre repas ensemble, échangeant des anecdotes, des rires et des moments de complicité, renforçant ainsi votre lien familial.

L'EXPRESSION DES SENTIMENTS ET DES ÉMOTIONS

Il est parfois difficile d'extérioriser ses émotions – quel que soit son âge d'ailleurs ! Un enfant peut avoir du mal à exprimer ses sentiments et encore plus à les partager avec ses parents.

Pourquoi votre enfant ne partage-t-il pas volontiers ses sentiments et ses émotions ?

- **Manque de vocabulaire émotionnel.** Les jeunes enfants peuvent avoir du mal à mettre des mots sur leurs émotions en raison d'un vocabulaire émotionnel limité. Ils peuvent ressentir des émotions intenses mais ne pas savoir comment les exprimer verbalement.

- **Peur du jugement ou de la réprimande.** Les enfants peuvent craindre d'être jugés ou réprimandés par leurs parents s'ils expriment des émotions considérées comme négatives ou inappropriées. Ils peuvent donc préférer garder leurs sentiments pour eux-mêmes pour éviter toute conséquence.

- **Sentiment d'incompréhension.** Les enfants peuvent se sentir incompris par leurs parents s'ils ont l'impression que ces derniers ne comprennent pas ou ne valident pas leurs émotions. Ils peuvent alors hésiter à partager leurs sentiments de peur de ne pas être entendus ou soutenus.

• **Pression sociale.** Dans certaines cultures ou milieux sociaux, les enfants peuvent recevoir des messages selon lesquels exprimer ses émotions est une marque de faiblesse ou d'immaturité. Ils peuvent donc avoir du mal à extérioriser leurs sentiments de peur d'être perçus de façon négative par leurs pairs ou leur famille.

• **Modèle parental.** Si les parents ont du mal à exprimer leurs propres émotions ou s'ils ont une communication émotionnelle limitée au sein de la famille, les enfants peuvent avoir du mal à apprendre à extérioriser leurs propres sentiments.
Comprendre ces différentes raisons vous permettra sans doute d'adopter une approche qui favorisera un environnement émotionnellement sûr et ouvert, encourageant ainsi votre enfant à partager ses sentiments et ses émotions de manière authentique et confiante.

Les bienfaits de la communication émotionnelle

La recherche a mis en évidence les nombreux bienfaits de l'extériorisation des émotions pour les enfants, ainsi que l'importance de la communication émotionnelle développée avec leurs parents. Voici quelques-uns de ces bénéfices.

Le développement socio-émotionnel
Selon une étude menée par des chercheurs en psychologie du développement, l'expression émotionnelle favorise le développement socio-émotionnel des enfants. En apprenant à identifier, nommer et partager leurs émotions, les enfants développent une meilleure compréhension

d'eux-mêmes et des autres, ainsi que des compétences sociales essentielles pour interagir avec leur environnement.

La réduction du stress et de l'anxiété
L'expression émotionnelle permettrait aux enfants de mieux gérer le stress et l'anxiété. En partageant leurs sentiments avec leurs parents, les enfants se sentent soutenus et rassurés, ce qui contribue à réduire leur niveau de détresse émotionnelle et à renforcer leur bien-être psychologique.

Le renforcement du lien parent-enfant
Selon une étude longitudinale française sur les relations parent-enfant, la communication émotionnelle favorise le renforcement du lien affectif entre les parents et les enfants. Lorsque les enfants se sentent à l'aise pour partager leurs émotions avec leurs parents, cela renforce la confiance mutuelle, favorise une relation de soutien et de compréhension, et crée un sentiment de sécurité émotionnelle au sein de la famille

Une meilleure régulation émotionnelle
En partageant leurs sentiments avec leurs parents, les enfants apprennent à reconnaître et à gérer leurs émotions de manière adaptative, ce qui contribue à améliorer leur bien-être émotionnel et leur capacité à faire face aux défis de la vie quotidienne[8].

Ainsi, l'extériorisation des émotions et leur communication avec les parents jouent un rôle crucial dans le développement socio-émotionnel des enfants, favorisant une meilleure gestion du stress, renforçant les liens familiaux et contribuant au bien-être global.

8. Béatrice Desgranges, Élise Faraut, Audrey Mondou *et al.*, « Évaluation de l'impact de l'émotion sur la mémorisation d'informations verbales en mémoire épisodique », *Revue de neuropsychologie*, 2018, vol. 10, n° 3.

Voici comment favoriser l'extériorisation et la verbalisation des émotions de votre enfant.

Le Justicier, pour créer un climat de confiance

Établissez un environnement familial où votre enfant se sent en sécurité pour exprimer ses émotions sans craindre d'être jugé ou rejeté. Assurez-lui que vous êtes là pour l'écouter et le soutenir quelles que soient ses émotions.

Cette confiance se tisse au fil du temps, à force de laisser votre enfant communiquer sur sa journée au moment du repas, de donner de la valeur à sa parole et d'y montrer de l'intérêt, comme s'il s'agissait de celle d'un adulte.

Cette confiance se tisse aussi en réagissant avec justesse lorsque votre enfant se retrouve dans une situation problématique, que ce soit pour prendre sa défense ou le remettre en question.

Le Chat, pour valider les émotions de votre enfant

Apprenez à reconnaître et à valider les émotions de votre enfant en lui montrant que vous comprenez et respectez ce qu'il ressent. Utilisez des phrases telles que « Je vois que tu es triste » ou « Il est normal de se sentir en colère dans cette situation ».

En effet, cela témoigne de votre absence de jugement envers lui et cela aura pour effet instantané d'ouvrir le dialogue, en apaisant toute émotion vive et incontrôlée de votre enfant.

La Bonne Fée, pour encourager l'expression émotionnelle de votre enfant

Encouragez votre enfant à exprimer ses émotions de manière ouverte et constructive en lui montrant que toutes les émotions sont acceptables et importantes.

En incarnant la Bonne Fée, félicitez-le lorsqu'il partage ses sentiments avec vous, même s'ils sont négatifs. C'est aussi une preuve de grande confiance.

MON EXPÉRIENCE D'ENSEIGNANTE

Avec ma classe de CM1, dans une école en réseau d'éducation prioritaire, j'ai eu l'idée de mettre en place « la boîte à émotions ». En effet, mes élèves s'exprimaient et interagissaient la plupart du temps dans la violence et la colère. Je me suis dit qu'il y avait une vraie accumulation de non-extériorisation des émotions (qui étaient assimilées à de la faiblesse), se matérialisant sous la forme d'une agressivité constante et d'un manque cruel de communication… Construire un climat de classe serein était alors devenu ma priorité, avant toute construction d'apprentissages – car, au-delà du mal-être des élèves, un climat instable rend impossible l'enseignement. J'ai donc – avec les moyens du bord – créé une sorte d'urne en customisant une boîte à mouchoirs vide et j'ai demandé aux élèves d'écrire sur un papier ce qu'ils ressentaient puis de le déposer dans cette « boîte à émotions ». Le but au départ était de simplement extérioriser une émotion, positive ou négative, de façon privée, et je me suis engagée à leur en faire un retour pendant un moment informel (comme la récréation, la sortie de classe, un temps libre après un exercice accompli, etc.). Pour donner l'exemple, j'ai participé. J'ai mis à nu mes émotions et je les ai lues devant la classe entière pour leur prouver ma confiance. Par exemple, j'ai lu à voix haute :

« Aujourd'hui, j'ai cru que j'allais m'effondrer de fatigue, car j'ai eu l'impression de ne pas être écoutée, cela m'a fait beaucoup de peine alors que j'avais beaucoup travaillé pour préparer cette leçon, mais mes élèves ne m'écoutaient pas. » ; « Ce matin, j'ai assisté à une querelle entre deux élèves qui m'a peinée, car je sais qu'elles s'aiment beaucoup mais qu'elles ont des difficultés à se le dire. », ou encore : « Cet après-midi, j'ai été fière car mes élèves ont fait énormément de progrès. Je me suis sentie utile et cela me donne encore davantage envie de m'investir pour eux. »

Le fait de ne pas créer de hiérarchie dans cet exercice et de m'y plier autant qu'eux-mêmes a écarté tout manque de volonté de leur part, tout sentiment d'injustice et tout conflit d'autorité. Mes élèves ont ressenti de l'empathie, et, leur confiance gagnée, ils ont participé activement au projet, partageant leurs émotions et leurs ressentis jusqu'à l'été... C'était il y a quelques années et j'ai conservé dans cette petite boîte les mots avec leurs émotions, qui, au fil du temps, étaient devenues principalement positives.

L'Âne, pour utiliser le jeu ou l'art comme moyen d'expression

Encouragez votre enfant à exprimer ses émotions à travers le jeu de rôle, la musique, le dessin, la peinture ou d'autres activités artistiques.
Ces moyens créatifs peuvent aider les enfants à extérioriser leurs sentiments de manière non verbale et à explorer leur monde intérieur.

MON EXPÉRIENCE D'ENSEIGNANTE

L'an dernier, une de mes élèves de moyenne section a été victime d'un infanticide, elle est décédée brutalement en mai, me plongeant dans un désespoir absolu avec le sentiment d'avoir perdu comme ma propre fille. Cette adorable fillette, qui venait de fêter ses 5 ans, était une personnalité très appréciée de ses camarades. Son tragique décès a tant marqué notre école, l'Inspection académique, les parents d'élèves, le personnel encadrant, mon Atsem[9] et moi-même qu'une cellule d'écoute et d'aide psychologique de crise fut mise en place, concentrée en priorité sur mon Atsem et moi, qui fréquentions cette enfant tous les jours. Très vite, nous avons dû expliquer auprès des autres élèves l'absence de leur camarade.

Grâce aux précieux conseils de la psychologue (qui nous a accompagnées tout du long), nous avons dit que la petite fille en question était décédée et qu'elle ne reviendrait plus à l'école (sans évidemment parler du contexte). Il importait d'avoir un discours clair. Ne comprenant pas encore la notion de mort et son aspect immuable, les élèves de moyenne section n'ont pas réagi sur le moment. Mais un élève (très alerte) a pris la parole :

– Maîtresse, c'est pour ça que tu ne viens plus maquillée à l'école ? C'est parce que tu pleures trop et que ton mascara coule ?

J'ai failli m'effondrer devant tant de perspicacité. J'ai alors répondu :

– Oui, mon chéri, je suis très triste, je l'aimais beaucoup, tu sais. Comme je vous aime tous très, très fort. J'ai besoin de pleurer et ce n'est pas grave de le faire quand elle me manque, mais je vais aussi sourire en me rappelant toutes les belles choses qu'elle me laisse en mémoire. Pour m'en souvenir, je vais lui écrire des mots gentils, et je vais lui faire des dessins, et je les mettrai dans cette petite boîte à lettres rouge, que vous voyez juste ici. Vous aussi, vous pouvez lui adresser des dessins d'amour, des dessins jolis,

9. Agent territorial spécialisé des écoles maternelles.

des dessins pour elle, pour vous souvenir de votre copine et des jolis moments passés avec elle.

Les enfants sont passés par le dessin et le coloriage pour extérioriser leurs émotions, ce fut leur moment de recueillement, en hommage à leur adorable camarade de classe.

Le « jeu des émotions »

Voici un exemple de jeu pour aider un enfant à extérioriser et verbaliser ses émotions.

Matériel nécessaire

- Des cartes plastifiées ou des images représentant différentes émotions (heureux, triste, en colère, surpris, etc.).
- Un espace de jeu confortable, à l'écart.

Préparation

Rassemblez des images représentant différentes émotions, à découper dans des magazines, à imprimer depuis Internet ou à dessiner vous-même.

Collez-les sur des cartes de même taille. Si vous le souhaitez, vous pouvez les plastifier.

Déroulement du jeu

Expliquez à votre enfant que vous allez jouer au « jeu des émotions » et qu'il pourra exprimer ce qu'il ressent à l'intérieur. Assurez-lui qu'il n'y a pas de bonnes ou de mauvaises réponses, et que toutes les émotions sont acceptables.

1. Sélection d'une émotion. Parmi les cartes étalées, proposez à votre enfant de choisir une image qui représente une émotion. Demandez-lui de la nommer si possible et de décrire comment il se sent quand il ressent cette émotion.

2. Expression de l'émotion. Encouragez votre enfant à exprimer l'émotion qu'il a choisie à travers des gestes, des expressions faciales et des mouvements corporels. Par exemple, s'il a choisi l'image « Heureux », il pourrait sauter de joie ou sourire largement.

3. Discussion sur l'émotion. Après avoir exprimé l'émotion, discutez avec votre enfant de ce qu'il ressent à cet instant et pourquoi il se sent ainsi. Posez-lui des questions ouvertes pour approfondir la conversation, comme « Qu'est-ce qui t'a rendu heureux aujourd'hui ? » ou « Comment tu te sens quand tu es triste ? »

4. Échange de rôles. Alternez les rôles en permettant à votre enfant de choisir une carte pour vous. Exprimez l'émotion représentée sur l'image. Cela montre à votre enfant que les adultes aussi ont des émotions et qu'il est normal pour chacun de les exprimer.

5. Conclusion. Terminez le jeu en remerciant votre enfant d'avoir participé et en lui rappelant qu'il peut toujours venir vous parler de ses émotions s'il en ressent le besoin. Vous pouvez l'inciter à utiliser de nouveau ce jeu comme un moyen facile et amusant pour exprimer ce qu'il ressent à l'intérieur.

Ce jeu tout simple permet à l'enfant de reconnaître, d'exprimer et de comprendre ses émotions de manière ludique et interactive, renforçant ainsi ses compétences en matière d'intelligence émotionnelle.

Si votre enfant a entre 2 et 7 ans, je vous conseille la mascotte « Pipouette[10] », dont on peut changer le visage avec une palette de diverses émotions. C'est un outil pédagogique d'apprentissage, d'expression et de partage des émotions.

---

10. https://pipouette.com/

Soyez exemplaire

N'oubliez pas, vous servez de modèle à votre enfant en exprimant vos propres émotions de manière saine et constructive. Montrez-lui comment vous appréhendez le stress, la tristesse ou la frustration en utilisant des mots pour décrire ce que vous ressentez et en cherchant des solutions positives.

En suivant ces conseils, vous pouvez aider votre enfant à développer ses compétences en matière d'expression émotionnelle, renforçant ainsi son bien-être émotionnel et son lien affectif avec vous en tant que parent.

LES MOMENTS DE RÉCONFORT

Il est naturel pour votre enfant de ressentir des émotions tristes de temps en temps. En tant que parent, vous avez un rôle important à jouer pour l'aider à traverser ces moments difficiles avec amour. En cultivant un environnement chaleureux et sécurisé, vous pouvez aider votre enfant à surmonter ses émotions et à retrouver son bien-être émotionnel.
Voici quelques petits gestes du quotidien qui ponctueront vos moments de complicité ; ils sont indispensables pour créer de la proximité entre vous et votre enfant.

Le Chat, complice réconfortant

Les câlins spontanés

Profitez des moments de la journée pour offrir des câlins spontanés à votre enfant. Que ce soit en préparant le dîner ensemble, en regardant un film en famille ou en jouant dans le jardin, prenez l'initiative d'exprimer votre affection envers votre enfant par des gestes tendres et des câlins affectueux.
Au-delà du simple câlin, toute interaction physique gentille et spontanée crée du lien.

Créez un espace sûr et accueillant

Assurez-vous que votre enfant dispose d'un endroit confortable et calme où il peut se retirer quand il se sent triste. Un coin douillet avec des coussins, des couvertures et des objets réconfortants peut aider votre enfant à se sentir en sécurité et à se détendre.

Soyez disponible et à l'écoute

Lorsque votre enfant se sent triste, prenez le temps de l'écouter attentivement. Asseyez-vous à ses côtés, regardez-le dans les yeux et montrez-lui que vous êtes là pour lui.
Encouragez-le à exprimer ses émotions et ses préoccupations, sans jugement.

Utilisez le langage de l'affection et de l'encouragement

Utilisez des mots doux et rassurants pour réconforter votre enfant. Dites-lui que vous l'aimez, que vous êtes fier/fière de lui et que vous êtes là pour l'aider à traverser ce moment difficile. Encouragez-le à exprimer ce qu'il ressent et assurez-lui que ses émotions sont valides.

Offrez des gestes de réconfort physique

Les câlins, les caresses et les étreintes peuvent être extrêmement réconfortants pour un enfant qui se sent triste (surtout entre 0 et 9 ans). Enveloppez votre enfant dans vos bras, bercez-le doucement et laissez-le sentir votre présence apaisante. Adaptez votre posture en fonction de sa personnalité et de ses besoins et selon votre propre sensibilité (certaines personnes, par exemple, ne sont pas très tactiles).
Lorsque votre enfant est triste, anxieux ou contrarié, soyez là pour lui offrir un câlin réconfortant ; en tout cas, proposez-le-lui. Asseyez-vous avec lui, écoutez ses soucis et ses peurs, enlacez-le pour lui rappeler qu'il est aimé et soutenu, même dans les moments difficiles.

Proposez-lui des activités réconfortantes

Si besoin, proposez à votre enfant des activités apaisantes qui lui permettent de se détendre et de se changer les idées. Par exemple, écouter de la musique douce, dessiner, lire un livre ensemble ou faire une promenade dans la nature peuvent aider votre enfant à se sentir mieux.
Si votre enfant sait écrire, vous pouvez lui proposer de verbaliser ses émotions en écrivant ce qu'il ressent au sujet de sa tristesse ou de sa colère, puis d'écrire sur une autre feuille ses qualités, ce qu'il aime chez lui, ce qu'il peut apporter aux autres, pour ne pas oublier qu'il est aimable et que cela est immuable, peu importent les difficultés qu'il traverse.

Mise en pratique

Votre enfant vient de rentrer de l'école, visiblement bouleversé après une dispute avec un ami.
Approchez-vous doucement de votre enfant et asseyez-vous à son côté. Posez une main sur son épaule pour lui montrer

que vous êtes là pour le soutenir. En adoptant la voix calme et douce du Chat, dites-lui : « Je vois que tu es triste. Veux-tu m'en parler ? Je suis là pour t'écouter et te soutenir. »
Laissez votre enfant s'exprimer librement sur ce qui s'est passé, sans l'interrompre. Écoutez attentivement ses sentiments et ses préoccupations, en lui offrant votre compréhension et votre empathie.
Une fois qu'il a eu l'occasion de partager ses émotions, offrez-lui un câlin réconfortant. Enveloppez-le dans vos bras et murmurez-lui des mots doux pour lui montrer que vous êtes là pour lui et que vous comprenez sa peine. Ne minimisez pas ses émotions et évitez de dire que ce n'est pas grave. Comprenez-le et mettez-vous à sa place.
« Je comprends, moi aussi j'aurais été très triste à ta place, c'est normal que tu te sentes bouleversé(e). On va trouver une solution ensemble. »
Refaites l'historique de l'incident ensemble, posez-lui des questions pour bien le comprendre et lui faire sentir qu'il est écouté. Nous avons vu dans le chapitre 3 des pistes pour résoudre des conflits, mais une fois que les propositions de résolution sont faites, concentrez-vous sur un nouvel objectif : proposer à votre enfant de sortir de ses émotions négatives. Pour cela il importe de lui demander s'il a besoin d'un temps seul, ou s'il préfère rester encore un peu dans vos bras pour s'apaiser, ou bien s'il souhaite faire quelque chose qui lui redonnerait le sourire.

Gérer ses émotions

Apprenez à votre enfant qu'il est normal de se sentir triste parfois et que ses émotions sont valides. Aidez-le à identifier ce qu'il ressent et à trouver des façons saines de gérer ses émotions, comme la respiration profonde, la relaxation musculaire ou l'expression créative.

En incarnant le personnage du Chat câlin dans ce type de situation, vous pouvez créer des moments précieux de complicité et de proximité avec votre enfant, renforçant ainsi votre lien affectif et favorisant un développement émotionnel sain et épanoui.

En somme, pour établir une autorité sur son enfant il faut une base solide de complicité, d'affect et de communication. Une telle relation favorise la confiance mutuelle, le respect, la modélisation de comportements positifs et la résolution de conflits efficace, ce qui contribue à un environnement familial épanouissant pour votre enfant.

CHAPITRE 5

Les enfants à besoins particuliers

Les « enfants à besoins particuliers » forment un groupe diversifié et unique, qui requiert une attention et un soutien adaptés pour s'épanouir pleinement. Parmi eux, certains présentent des caractéristiques telles que l'hyperactivité, une forte émotivité, l'isolement ou le mutisme. L'hyperactivité, souvent associée au trouble du déficit de l'attention avec ou sans hyperactivité (TDAH), se manifeste par une énergie débordante et des difficultés à se concentrer. La forte émotivité peut rendre ces enfants particulièrement sensibles aux stimuli extérieurs, ce qui a un impact sur leur bien-être émotionnel et leur comportement quotidien. L'isolement et le mutisme, quant à eux, peuvent être des réponses à des situations de stress ou des indicateurs de troubles plus profonds, comme l'autisme ou l'anxiété sévère.

Comprendre et accompagner ces enfants dans leur singularité est essentiel pour leur permettre de développer pleinement leur potentiel et de s'intégrer harmonieusement dans la société. Nos cinq personnages à incarner peuvent faciliter la communication et votre posture d'autorité auprès d'un enfant ayant cette particularité, mais certains d'entre eux peuvent aussi être incompatibles avec leurs besoins. Avec ces enfants, vous devez faire preuve d'une grande capacité d'adaptation, d'observation et d'écoute, il n'y a pas de méthode parfaite immuable, car chaque profil est différent.

Cependant, je partagerai ici mon expérience et mes observations sur l'impact de ces 5 personnages sur les élèves hyperactifs, non verbaux, isolés ou émotifs que j'ai pu rencontrer. Je propose ainsi une approche plus globale que précédemment, il vous faudra l'adapter bien entendu en fonction du comportement et des besoins de votre enfant.

J'évoquerai en fin de chapitre le cas spécifique des enfants harceleurs, qui ne sont pas à proprement parler des enfants à besoins particuliers, mais qui exigent à un moment donné une posture d'autorité singulière, avec la figure du Dragon.

Les bienfaits de la théâtralisation pour les enfants à besoins particuliers

L'approche que je propose avec les 5 personnages à incarner pour instaurer une posture d'autorité s'apparente à la théâtralisation. Les bénéfices de celle-ci auprès d'enfants à besoins particuliers ont été mis en avant par un certain nombre de spécialistes de l'éducation, de la psychologie ou de la sociologie. En voici quelques-uns.

Engagement et attention

La théâtralisation permet de capter et de maintenir l'attention des enfants hyperactifs. Selon une étude menée par le chercheur et pédagogue Philippe Meirieu, spécialiste en sciences de l'éducation, l'utilisation de méthodes ludiques et théâtrales aide à améliorer la concentration et l'engagement des enfants en classe et à la maison[1]. Une approche théâtralisée, en utilisant des gestes expressifs, des voix variées et des mises en scène renforce l'interaction.

Rupture de l'isolement

Serge Tisseron, psychiatre et psychanalyste, met en avant dans ses travaux l'importance des activités créatives et théâtrales pour aider les enfants isolés ou souffrant de mutisme à s'ouvrir et à exprimer leurs sentiments[2]. Les enfants isolés ou ceux qui souffrent de mutisme peuvent trouver dans la théâtralisation un moyen de communiquer. Les jeux de rôle et les histoires interactives offrent un cadre sécurisé où ils peuvent expérimenter l'interaction sociale sans pression.

Confiance et estime de soi

Catherine Gueguen, pédiatre et spécialiste en neurosciences affectives, remarque que les approches empathiques et ludiques renforcent la confiance en soi des enfants et leur estime personnelle[3]. La théâtralisation permet aux enfants de prendre des risques dans un environnement ludique et sécurisé, ce qui peut renforcer leur confiance en eux. Jouer des rôles leur permet de se voir sous un jour différent et de développer de nouvelles compétences. En observant et en participant à des scénarios théâtralisés, les enfants apprennent la communication non verbale, l'empathie, et la résolution de conflits. Ces compétences sont essentielles pour leur intégration sociale et leur développement personnel.

Renforcement du lien parent-enfant

Selon Isabelle Filliozat, les moments de jeu et de mise en scène renforcent le lien affectif entre parents et enfants,

1. Philippe Meirieu, *Apprendre,... oui mais comment*, ESF éditeur, 2017.
2. Serge Tisseron, *Virtuel, mon amour. Penser, aimer, souffrir à l'ère des nouvelles technologies*, Albin Michel, 2008.
3. Catherine Gueguen, *op. cit.*

créant des souvenirs positifs et favorisant une relation saine et sécurisante[4]. La théâtralisation dans la posture parentale renforce également le lien entre le parent et l'enfant.

La théâtralisation dans la posture parentale offre donc une multitude de bénéfices pour les enfants à besoins particuliers. Elle contribue à leur développement émotionnel, social et cognitif, tout en renforçant la relation parent-enfant et en rendant l'apprentissage plus engageant et efficace.

L'ENFANT HYPERACTIF

L'enfant hyperactif, souvent diagnostiqué avec le trouble du déficit de l'attention avec ou sans hyperactivité (TDAH), présente un ensemble de caractéristiques spécifiques qui influencent son comportement et ses interactions.
Le pédopsychiatre français Gabriel Wahl explique que les enfants hyperactifs sont souvent incompris. Il souligne le fait que ces enfants ne sont pas simplement « indisciplinés », mais qu'ils souffrent d'un trouble neuro-développemental qui nécessite une approche spécifique[5].

Quelles sont les caractéristiques d'un enfant TDAH ?

- **Inattention.** L'enfant souffrant de TDAH a souvent du mal à se concentrer sur une tâche pendant une période

4. Isabelle Filliozat, *Au cœur des émotions de l'enfant*, *op. cit.*
5. Gabriel Wahl, *Les Enfants hyperactifs (TDAH)*, Que sais-je ?, 2024.

prolongée. Il peut être facilement distrait par des stimuli externes ou internes. Il commence souvent plusieurs activités sans les terminer, passant rapidement d'une chose à l'autre.

• **Hyperactivité.** L'enfant est souvent en mouvement, même lorsqu'il est censé être assis. Il peut se tortiller, se lever fréquemment, courir ou grimper dans des situations inappropriées. Il parle souvent beaucoup et rapidement, ayant parfois du mal à écouter les autres ou à attendre son tour pour parler.

• **Impulsivité.** L'enfant a tendance à répondre avant que les questions ne soient entièrement posées ou à interrompre les conversations. Il a du mal à attendre son tour ou à patienter dans des files d'attente.

Quel est l'impact sur la vie quotidienne ?

• Les enfants hyperactifs peuvent avoir des difficultés à suivre les instructions en classe, à organiser leur travail et à terminer leurs devoirs, ce qui peut entraîner des résultats scolaires inférieurs à leurs capacités intellectuelles.

• Leur impulsivité et leur tendance à interrompre ou à envahir l'espace personnel des autres peuvent rendre difficiles l'établissement et le maintien de relations amicales.

• Ils peuvent présenter des fluctuations émotionnelles rapides, passant de l'euphorie à la frustration ou à la colère, et ils peuvent être perçus comme difficiles à gérer.

La posture à adopter avec un enfant hyperactif selon les experts

L'enfant hyperactif présente des défis uniques qui nécessitent une compréhension approfondie et une approche adaptée. Les experts en éducation et en psychologie soulignent l'importance d'une intervention bienveillante, structurée et multidisciplinaire pour aider ces enfants à s'épanouir.

Philippe Wallon, spécialiste des troubles de l'attention, affirme que l'hyperactivité est souvent associée à un déficit de l'inhibition, ce qui explique les comportements impulsifs et la difficulté à se concentrer. Il met en avant l'importance d'une prise en charge multidisciplinaire incluant des interventions pédagogiques adaptées.

La pédiatre Catherine Gueguen souligne l'importance de la bienveillance et de l'empathie dans l'accompagnement des enfants hyperactifs. Elle explique que les interactions positives avec les parents et les enseignants peuvent améliorer significativement les comportements de ces enfants[6].

Selon Isabelle Filliozat, les approches empathiques et les techniques de gestion des émotions peuvent aider les enfants hyperactifs à mieux gérer leur impulsivité et leur hyperactivité. Elle propose des stratégies concrètes pour aider ces enfants à se sentir compris et soutenus[7].

Les approches pédagogiques et thérapeutiques doivent être personnalisées pour répondre aux besoins spécifiques de chaque enfant hyperactif, en tenant compte de ses particularités neuro-développementales et émotionnelles.

6. Catherine Gueguen, *op. cit.*
7. Isabelle Filliozat, *Au cœur des émotions de l'enfant, op. cit.*

Comment incarner les 5 personnages avec un enfant hyperactif

Aider un enfant souffrant d'hyperactivité tout en maintenant une autorité bienveillante peut être grandement facilité par le biais de la théâtralisation.
Si le Chat, la Bonne Fée, le Justicier et l'Âne peuvent être utilisés de la même façon qu'expliqué précédemment, mais le personnage du Dragon doit être adapté.

Comment adapter le personnage du Dragon ?

Le Dragon structure un cadre sécurisant et impose des limites fermes, quitte à passer par la sanction ou son annonce. Pour l'enfant hyperactif, qui peut être enclin à être plus turbulent, la sanction peut ne plus avoir d'effets. Voici quelques conseils, soutenus par des exemples concrets, pour atteindre cet objectif : malgré les besoins spécifiques de votre enfant, pour le sécuriser, vous devez toujours incarner l'autorité et ne pas être dominé.
Cependant, la figure du Dragon a ses limites avec l'enfant hyperactif. En effet, en tant qu'enseignante, quel que soit le niveau de ma classe, chaque année je suis confrontée à un élève plus actif et turbulent que la moyenne, et j'ai constaté qu'un modèle unique d'autorité ferme ne fonctionnait pas avec ces enfants.

MON EXPÉRIENCE D'ENSEIGNANTE

J'ai dû développer en classe d'autres astuces pour amener un enfant hyperactif vers le calme dans son quotidien. Je lui donne, par exemple, une responsabilité. Un de mes élèves, Solal, avait toutes les caractéristiques d'un enfant hyperactif. Je l'ai nommé le « superhéros de la concentration » ! En jouant sur la fierté qu'apporte la responsabilité, un tel enfant se retrouve à autogérer son dynamisme pour apprendre à se canaliser. Cela peut rendre l'obéissance plus ludique et moins conflictuelle. L'année dernière, j'ai eu un autre élève hyperactif, Léo, que j'appelais « le gardien du calme ».

Voici quelques idées et conseils pour améliorer le lien entre vous et votre enfant, pour ainsi l'accompagner dans son développement. Avec un enfant hyperactif, vous pouvez incarner à tour de rôle les personnages de l'Âne et du Chat.

L'Âne exagérant les expressions

Sous la figure de l'Âne, utilisez des gestes et des voix expressives pour donner vos instructions. Cela peut rendre les consignes plus amusantes. Elles seront souvent mieux acceptées et suivies d'effet.

Le Chat, pour mettre en scène

- Créez dans la vie quotidienne des routines sous forme de scénarios. Par exemple, le matin, confiez à votre enfant une « mission spéciale » où il devra accomplir des tâches spécifiques, codifiées.
- Répétez des scènes où votre enfant doit faire preuve de patience et de calme, vous renforcerez ainsi ces comportements grâce à la régularité. En effet, les scénarios structurés apportent une stabilité et une certaine prévisibilité, ce qui peut réduire l'anxiété et les comportements impulsifs.

Complimentez votre enfant lorsqu'il a suivi un scénario à la lettre. Cela l'encouragera dans la répétition des comportements positifs – c'est ce qu'on appelle le renforcement positif.

Le Chat, pour communiquer avec des signes non verbaux

Développez des signes non verbaux uniques avec votre enfant pour lui rappeler discrètement vos attentes en termes de comportement. Par exemple, un geste spécifique et rassurant peut signifier « Calme-toi », comme tapoter votre paume avec deux doigts de l'autre main.

Pour quelles raisons ? Les enfants hyperactifs retiennent souvent mieux les consignes lorsqu'elles sont données de manière vivante et exagérée. Les signaux non verbaux peuvent aider à maintenir l'autorité sans avoir recours à des réprimandes verbales constantes.

Le Chat, pour organiser des jeux théâtralisés sur les émotions

- Utilisez les cartes du jeu des émotions (voir pages 165-166), dans lequel votre enfant pourra choisir et jouer l'émotion qui correspond à ce qu'il ressent.

Votre enfant apprendra ainsi à identifier et à verbaliser ses émotions, ce qui est essentiel pour la régulation émotionnelle. Par ailleurs, en jouant différents rôles, il développera de l'empathie et apprendra des stratégies de résolution de conflits.

- Créez un véritable « théâtre des émotions », dans lequel votre enfant pourra jouer différents rôles pour exprimer et comprendre ses émotions.

Un théâtre d'émotions

Matériel nécessaire

- un espace dégagé pour jouer (salon, chambre, etc.) ;
- des accessoires simples comme des chapeaux, des lunettes, des écharpes, ou des jouets ;
- du papier ou du carton ;
- des crayons, des feutres ;
- un carnet.

Déroulé en 7 étapes

1. Introduction au théâtre des émotions

Expliquez à votre enfant que vous allez créer un espace spécial où il pourra jouer différents rôles pour exprimer ses émotions. Dites-lui que c'est un endroit sûr où il peut montrer ce qu'il ressent.

2. Création des cartes d'émotions

Travaillez ensemble pour créer des cartes d'émotions. Chaque carte doit représenter une émotion différente (joie, tristesse, colère, peur, surprise, etc.). Utilisez des dessins, des couleurs ou des mots pour illustrer chaque émotion. Par exemple, une carte jaune avec un visage souriant pour la joie, une carte bleue avec des larmes pour la tristesse, etc.

3. Choix des rôles et des scènes

Avec votre enfant, choisissez des rôles et des scènes à jouer. Cela peut être des situations qu'il a vécues récemment ou des scénarios imaginaires. Exemples : jouer le rôle d'un élève qui a peur de répondre à une question en classe ou jouer le rôle d'un enfant qui est très heureux de recevoir un cadeau.

4. Mise en scène

• Encouragez votre enfant à choisir des accessoires pour se déguiser en personnage. Utilisez des objets simples trouvés dans la maison. Par exemple, une écharpe peut servir de cape, un chapeau peut représenter un rôle spécifique.

• Mettez en scène les différentes émotions en utilisant les cartes d'émotions comme guide. Par exemple, si vous jouez une scène où l'enfant est en colère, utilisez la carte de la colère et demandez-lui de montrer ce que ressent ce personnage.

5. Expression et discussion

• Après chaque scène, discutez avec votre enfant sur ce qu'il a ressenti en jouant le rôle. Posez des questions comme : « Comment te sentais-tu en jouant ce rôle ? » ou « Qu'est-ce qui t'a aidé(e) à montrer cette émotion ? »

• Écrivez ou faites-le écrire dans le carnet quelques mots à propos sur l'émotion jouée. Cela peut aider votre enfant à mieux comprendre et à verbaliser ce qu'il ressent.

6. Exploration des solutions

• Jouez des scènes où le personnage doit trouver des solutions pour gérer ses émotions. Par exemple, demandez « Que peut faire l'élève pour se sentir moins effrayé en classe ? » ou « Comment l'enfant peut-il exprimer sa joie sans être trop excité ? »

• Encouragez votre enfant à proposer ses propres solutions et à les jouer.

7. Répétition et renforcement

Répétez les scènes et les rôles régulièrement pour renforcer la compréhension des émotions. Chaque répétition peut apporter de nouvelles idées et aider l'enfant à mieux gérer ses émotions dans la vie réelle.

Conseils

- Faites preuve de patience ; encouragez votre enfant. L'objectif est de créer un espace sans jugement où votre enfant se sente libre d'exprimer ses émotions.
- Participez activement en jouant vous aussi des rôles pour lui montrer que tout le monde a des émotions et qu'il est normal de les exprimer.
- Plus tard, dans des situations quotidiennes, suggérez à votre enfant d'appliquer les compétences acquises dans le théâtre des émotions.

Le Chat, pour raconter des histoires de manière interactive

Lisez ou racontez à votre enfant des histoires avec une morale dans lequel le héros ou l'héroïne fait face à des défis et finit par les surmonter en suivant des règles. Voici quelques exemples.

• *Le Petit Prince*, d'Antoine de Saint-Exupéry (Gallimard Jeunesse), pour les 6-11 ans
- **Résumé du livre :** Le Petit Prince voyage de planète en planète, rencontrant diverses figures allégoriques, avant d'atterrir sur Terre où il rencontre un pilote échoué.
- **Le défi :** comprendre les leçons de vie et de sagesse que le héros apprend de chaque personnage.
- **La règle suivie :** écouter avec son cœur, poser des questions importantes, ne jamais cesser d'être curieux.
- **La morale :** les choses essentielles sont invisibles pour les yeux ; c'est avec le cœur qu'on voit bien.

• *Rosa Parks* de Thierry Heunick (À dos d'âne), pour les 8-11 ans
- **Résumé du livre :** cette biographie retrace l'histoire de la première femme noire aux États-Unis qui refusa de céder sa place dans un bus à un Blanc, en 1955 à Montgomery, Alabama. Ce documentaire montre comment Rosa Parks a surmonté les défis de la ségrégation raciale en suivant des principes de justice et de non-violence.
- **Le défi :** lutter contre l'injustice et la discrimination raciale.
- **La règle suivie :** la non-violence, le courage et la détermination.
- **La morale :** la justice et l'égalité sont des droits fondamentaux qui valent la peine d'être défendus.

Au fil de la lecture, impliquez votre enfant dans l'élaboration de l'histoire, en lui permettant de proposer des solutions ou des actions pour faire avancer le personnage.
Exemple, avec *Le Petit Prince* : dans le chapitre « La planète du roi », le Petit Prince arrive sur une planète habitée par un roi. Celui-ci est très content d'avoir un sujet et essaie de donner des ordres au Petit Prince. Cependant, l'enfant remarque que le roi ne gouverne que sur lui-même.
1. Proposez une situation. Demandez à votre enfant : « Le Petit Prince rencontre un roi qui aime donner des ordres. Que pourrait-il faire pour comprendre pourquoi le roi se comporte ainsi ? »
Exemple de réponse de votre enfant : « Peut-être qu'il pourrait demander au roi pourquoi il est seul sur sa planète. »
2. Faites explorer des actions. – C'est une bonne idée ! Si le Petit Prince demande au roi pourquoi il est seul, comment penses-tu que le roi va réagir ?
– Le roi pourrait lui dire qu'il a besoin de quelqu'un pour lui obéir et que sans cela, il se sent inutile.

3. Demandez de trouver une solution. – Alors, comment le Petit Prince pourrait-il aider le roi à se sentir moins seul et plus heureux sans donner des ordres inutiles ?
– Il pourrait lui dire qu'il peut être un bon roi en étant gentil et en écoutant les autres, pas seulement en donnant des ordres.

En bref, en impliquant votre enfant de cette manière, vous l'aiderez non seulement à mieux comprendre l'histoire, mais aussi à développer des compétences en résolution de problèmes, en empathie et en communication. Cette approche interactive rend la lecture plus engageante et éducative.
Votre enfant pourra ainsi s'identifier au personnage et modéliser ses comportements sur ceux du héros ou de l'héroïne. Sa participation active dans ces histoires renforcera la compréhension et l'assimilation des leçons morales.

La théâtralisation offre une méthode innovante et efficace pour aider les enfants hyperactifs tout en maintenant une autorité bienveillante. En intégrant des éléments de jeu, d'imagination et d'expression théâtrale, les parents peuvent créer un environnement engageant et structuré qui favorise l'apprentissage de comportements appropriés. Cette approche, soutenue par des experts en éducation et psychologie, permet non seulement de gérer l'hyperactivité, mais aussi de renforcer le lien parent-enfant par des interactions positives et enrichissantes.

L'ENFANT NON VERBAL

Les enfants non verbaux ont des difficultés à utiliser le langage parlé pour communiquer. Cela peut être dû à divers troubles, y compris le trouble du spectre autistique (TSA), à des retards de développement, à des troubles de la communication ou à des problèmes médicaux affectant la production de la parole. Les enfants non verbaux présentent une variété de caractéristiques et de besoins spécifiques.

L'enfant non verbal peut montrer des comportements d'évitement du regard ou des difficultés à initier et à maintenir des interactions sociales. Il peut préférer jouer seul ou interagir de manière atypique avec ses pairs.

Quelle posture adopter avec un enfant non verbal ?

Expression émotionnelle
L'enfant peut exprimer ses émotions de manière non conventionnelle, par exemple en utilisant des gestes ou des comportements répétitifs. Il est très important de tâcher de comprendre et décoder ces expressions émotionnelles pour répondre adéquatement à leurs besoins.

Frustration et comportements problématiques
En raison de ses difficultés à communiquer, l'enfant non verbal éprouve parfois de la frustration, qui peut se manifester par des crises de colère ou des comportements auto-agressifs. Il est donc indispensable, selon la psychologue Isabelle Filliozat, de mettre en œuvre des stratégies d'intervention empathiques pour gérer ces situations[8].

Communication alternative et augmentée (CAA)
La communication alternative et augmentée (CAA) propose des méthodes et des dispositifs pour aider les personnes ayant des difficultés à parler ou à comprendre le

8. Isabelle Filliozat, *L'Intelligence du cœur*, *op. cit.*

langage verbal. Ces outils permettent de renforcer ou de remplacer la communication verbale, facilitant ainsi les interactions sociales et l'expression personnelle. Il existe différents types de dispositifs de CAA :

– **Les tableaux de communication.** Ce sont des tableaux ou des livres contenant des images, des symboles, des mots ou des lettres. Ils peuvent être personnalisés en fonction des besoins et des capacités de l'utilisateur. La personne pointe vers ces images ou symboles pour communiquer, exprimer ses besoins, ses souhaits ou ses pensées. Exemple : elle pointera vers une image de nourriture pour indiquer qu'elle a faim.

– **Les appareils vocaux.** Ces dispositifs électroniques produisent des messages parlés. Ce peut être des tablettes ou des ordinateurs dotés de logiciels de synthèse vocale. L'utilisateur sélectionne des mots ou des phrases sur un écran tactile, et l'appareil vocal les prononce à haute voix, ce qui permet à la personne de participer à une conversation.

Ces outils permettent aux enfants non verbaux de s'exprimer et de participer activement à la vie scolaire et sociale. L'orthophoniste Béatrice Sauvageot recommande une formation spécialisée pour les éducateurs et les parents pour maximiser l'efficacité de ces dispositifs.

Soutien émotionnel et psychologique

Offrir un soutien émotionnel est crucial. Les enfants non verbaux peuvent bénéficier de thérapies cognitivo-comportementales adaptées pour les aider à gérer leur frustration et à développer des stratégies d'adaptation. Il est important de créer un environnement sécurisant où l'enfant se sent compris et valorisé.

Comment incarner les 5 personnages avec un enfant non verbal

Du mutisme au trouble du spectre autistique, les enfants non verbaux ne peuvent être généralisés en une simple catégorie. Il n'existe pas de méthode simple, de mode d'emploi précis qui fonctionne pour chaque cas spécifique. En revanche, mon expérience en tant qu'enseignante souvent confrontée à des enfants non verbaux m'a permis de constater que le rôle du Chat était fondamental pour installer un lien de confiance, favorisant l'ouverture à la parole et la proximité entre ces enfants et moi-même, pour ainsi préserver mon autorité sur eux.
La douceur, la confiance et le cadre sécurisant qu'offre le Chat, en alternance avec le Justicier, sont des atouts précieux.

En outre, vous pourrez incarner parfois l'Âne, la Bonne Fée, voire le Dragon, comme je l'explique ci-après.

MON EXPÉRIENCE D'ENSEIGNANTE

En moyenne section, j'ai eu une année une élève autiste. J'ai immédiatement compris que ma priorité était de la maintenir en sécurité dans le groupe classe, tout en lui offrant une grande liberté. Nous l'appellerons Lana. Lana ne s'exprimait qu'à travers des chants et des cris ou quelques mots : « délicieux » ou encore « gâteau au chocolat », qu'elle répétait inlassablement. Je n'arrivais pas à établir une autre communication avec elle. Je me suis vite rendu compte que plus je l'accompagnais, plus je l'étouffais et plus elle exprimait son mécontentement par des cris. Je me suis donc adaptée à son mode de fonctionnement et je l'ai laissée libre de découvrir à son rythme la salle de classe, tant qu'elle restait sous ma vigilance. Un accord tacite s'est ainsi installé entre nous, et nous nous sommes apprivoisées l'une l'autre. Auprès d'elle j'ai incarné la figure du Chat, en acceptant son rythme et son autonomie, ainsi que celle du Dragon, en utilisant parfois une voix puissante, grave et autoritaire pour affirmer mes limites. Pendant la sieste, j'ai compris son besoin de proximité et je n'ai pas négligé ses pleurs, ni son besoin d'être allongée plus près de moi.

Rapidement, Lana s'est habituée à ce rythme, à cette voix autoritaire qui affirmait son cadre et à ma présence rassurante lorsqu'elle en exprimait le besoin. Le respect de cet accord entre nous et ce lien fusionnel lui a permis petit à petit de développer son envie de communiquer avec moi, passant de quelques mots nouveaux à quelques phrases. Au départ, il s'agissait simplement de mon prénom qu'elle répétait plusieurs fois, puis de phrases approximatives avec les mots de son vocabulaire (« maîtresse au chocolat »), puis, au fur et à mesure les phrases ont pris du sens : « Maîtresse, assieds-toi. ». La patience, c'était la clé, avec Lana. Construire un lien indéfectible et une forte affection réciproque l'a aidée à vouloir être à mes côtés puis à communiquer avec moi.

Mes conseils

Accompagner un enfant non verbal avec des stratégies liées à la théâtralisation peut être très efficace pour favoriser la communication, l'expression émotionnelle et l'apprentissage. Voici quelques idées à mettre en pratique avec nos différents personnages, tout en maintenant une autorité bienveillante et structurée.

Le Chat

Utilisez des gestes et des expressions faciales

Exagérez les gestes et les expressions faciales pour transmettre des messages et des émotions. Par exemple, ouvrez grand les bras pour signifier la bienvenue ou souriez largement pour montrer votre joie. L'enfant vous comprendra mieux et imitera éventuellement ces expressions, ce qui peut faciliter la communication non verbale.

Utilisez des supports visuels

Dans les activités de tous les jours, intégrez des pictogrammes, des images ou des cartes de communication. Par exemple, créez un tableau des émotions où l'enfant peut indiquer comment il se sent en pointant une image. Ces outils faciliteront la compréhension et l'expression des besoins et des émotions de l'enfant, ce qui permet de réduire sa frustration et les comportements problématiques.

Créez des jeux sensoriels

Proposez à votre enfant des activités physiques et des jeux sensoriels pour exprimer des concepts et des émotions. L'idée est de mettre le corps en mouvement. Par exemple, montrez-lui comment des mouvements de danse peuvent exprimer la joie ou des mouvements lents et doux peuvent mimer la tristesse. Donnez l'occasion à votre enfant d'explorer et d'exprimer ses émotions de manière sécurisée et structurée.

Racontez des histoires socialement significatives

Inventez et racontez des histoires mettant en scène des personnages qui vivent des situations similaires à celle de votre enfant. Utilisez une voix expressive et des accessoires pour rendre l'histoire vivante. Votre enfant pourra se reconnaître dans ces récits et apprendra des réponses appropriées à certaines situations sociales.

Jouez la complicité à travers un langage codé

Vous incarnez le rôle du Chat en introduisant un langage codé, comme les signaux non verbaux. En effet la complicité avec

votre enfant s'en trouvera renforcée. Ce type de communication secrète crée un sentiment d'exclusivité et de connexion unique entre vous. Votre enfant se sentira spécial et compris, sachant que vous partagez un code secret que seul(e)s vous deux connaissez. Cela peut également renforcer la confiance et le respect mutuels, car votre enfant verra que vous prenez le temps d'établir des moyens de communication spéciaux qui l'aident à satisfaire ses besoins.
En outre, cette complicité peut rendre les moments de jeu et d'interaction plus joyeux et mémorables, favorisant un environnement familial harmonieux et aimant.

L'Âne

Proposez des jeux de rôle (encore et toujours !)

Créez des scénarios simples et jouez-les avec votre enfant. Utilisez des marionnettes ou des figurines pour illustrer des situations de la vie quotidienne, par exemple se préparer pour aller à l'école ou faire les courses. Ces saynètes encourageront votre enfant à participer activement et à utiliser des moyens alternatifs de communication, tout en développant des compétences sociales et de résolution de problèmes.

Le Justicier

Maintenez une autorité bienveillante

Établissez des règles claires et cohérentes, et communiquez-les via des routines et des rituels. Utilisez des signaux non verbaux, comme lever la main pour signifier « Stop » ; un signal spécifique pour indiquer l'accord ou l'appel au jeu. Pour mettre en place un signal avec votre enfant, expliquez-le-lui et assurez-vous qu'il comprend bien ce qu'il représente. Félicitez-le lorsqu'il réagit correctement au signal. Vous renforcerez ainsi la communication positive et la compréhension mutuelle entre vous et votre enfant.

Planifiez, soyez prévisible

Prévoyez des moments spécifiques pour les activités théâtrales, comme une demi-heure de jeu de rôle après le déjeuner ou une séance de marionnettes avant le coucher. Faites de même pour d'autres rendez-vous réguliers. Avec des attentes claires et des routines prévisibles, votre enfant sera sans doute moins anxieux et aura davantage envie de participer.

La Bonne Fée

Offrez des encouragements

Récompensez ses efforts de communication et de participation par des éloges, des autocollants ou du temps de jeu supplémentaire. Faites preuve d'enthousiasme et de soutien à chaque petite réussite. Ainsi, vous encouragerez les comportements positifs et vous renforcerez sa confiance en soi.

Assurez un environnement structuré et prévisible où votre enfant se sente en sécurité, tout en renforçant votre autorité de manière positive et non punitive.

MON EXPÉRIENCE D'ENSEIGNANTE

En classe de CP, j'ai eu une élève mutique, que nous appellerons Kim. Elle ne disait pas un mot. Elle ne souffrait cependant d'aucun trouble en particulier. Son mutisme n'était que la manifestation d'un grand manque de confiance en elle et d'une profonde timidité. Kim ne s'exprimait jamais, même pas avec des cris ou des chants comme Lana. Elle me fixait de ses grands yeux noirs, au premier rang de la classe, silencieusement, sans émettre le moindre son.

J'avais évidemment très envie d'entrer en dialogue avec elle, mais j'ai laissé place à son premier moyen de communication en m'adaptant à sa méthode : le regard. J'ai aussi pris soin de ne plus lui poser de questions directes lui imposant une réponse.

Un jour de mai, en passant près d'elle je lui ai dit : « J'espère que tu as passé un bon week-end. » – ce qui ne lui demandait aucune réponse car ma phrase n'était pas interrogative. Elle m'a simplement répondu : « Oui. » À la suite de ce premier mot (je ne vous cache pas la joie que j'ai ressentie !), nos salutations par gestes devinrent réciproques, nos sourires aussi, et une fois la confiance installée, j'ai eu la chance d'entendre, petits mots par petits mots, le son de sa voix.

L'ENFANT SENSIBLE

L'enfant sensible, souvent décrit comme un enfant à haute sensibilité, présente des caractéristiques qui influent sur ses interactions sociales, émotionnelles et cognitives.

Quelles sont les caractéristiques d'un enfant sensible ?

- **Réactivité émotionnelle.** L'enfant sensible réagit intensément aux stimuli émotionnels, qu'ils soient positifs ou négatifs. Il peut pleurer facilement, ressentir une joie débordante ou être rapidement bouleversé par des changements d'environnement ou des conflits. Il montre aussi une grande empathie, souvent en percevant et en absorbant les émotions des autres, ce qui peut le surcharger émotionnellement[9].

• **Comportements vis-à-vis des stimuli.** Il est très sensible aux bruits forts, aux lumières vives, aux textures et aux autres stimuli sensoriels. Cela peut conduire à des comportements de retrait ou d'évitement pour se protéger de l'excès de stimulation. L'enfant sensible a besoin de périodes de calme pour se ressourcer. Il peut rechercher la solitude après des activités socialement ou sensoriellement intenses[10].

• **Perfectionnisme et réactions.** Il peut développer un fort sens du perfectionnisme et une peur de l'échec. Il veut souvent bien faire et peut être très dur envers lui-même lorsqu'il n'atteint pas ses propres objectifs élevés. Sa sensibilité peut se manifester par des réactions émotionnelles intenses, telles que des crises de larmes ou de colère, surtout lorsqu'il se sent incompris ou submergé.

• **Curiosité intellectuelle.** Il fait souvent preuve d'une grande curiosité et émet des réflexions sérieuses. Il peut poser des questions profondes et avoir un intérêt marqué pour des sujets complexes dès son jeune âge[11]. Il apprend beaucoup en observant attentivement son environnement et les comportements des autres. Il peut préférer observer avant de participer activement à une nouvelle activité.

---

9. Elaine N. Aron, *Mon enfant est hautement sensible*, J'ai lu, 2020.
10. Jeanne Siaud-Facchin, *Trop intelligent pour être heureux ? L'adulte surdoué*, Odile Jacob, 2008.
11. Jeanne Siaud-Facchin, *L'Enfant surdoué. L'aider à grandir, l'aider à réussir*, Odile Jacob, 2012.

Quelle posture adopter avec un enfant sensible ?

Il faut mettre en œuvre une approche d'accompagnement particulière avec les enfants sensibles en raison de leur réactivité émotionnelle accrue et de leurs besoins spécifiques. Ils réagissent plus intensément aux stimuli environnementaux et émotionnels, ce qui les rend plus facilement perturbés par un milieu bruyant ou chaotique, des critiques sévères ou des changements soudains. Voici leurs indispensables.

Un environnement serein et prévisible
Créez un environnement calme et structuré avec des routines prévisibles. Évitez les situations chaotiques et surstimulantes. Réduisez le stress et l'anxiété en offrant un cadre sécurisant.

Prévoyez des moments de calme et des espaces de retrait où votre enfant peut se ressourcer, comme un coin lecture ou une activité tranquille. Donnez à votre enfant la possibilité de se reposer et de se régénérer après des périodes de stimulation intense.

La validation des émotions
Validez et nommez les émotions de votre enfant, en utilisant des phrases comme : « Je vois que tu es triste » ou « Cela doit être très frustrant pour toi ! » Vous aiderez ainsi votre enfant à reconnaître et à comprendre ses émotions, renforçant la régulation émotionnelle[12].

L'encouragement à l'expression créative
Incitez-le à pratiquer des activités artistiques, comme le dessin, la peinture, la musique ou l'écriture, qui peuvent servir de moyens d'expression et l'aider à gérer ses émotions.

12. Isabelle Filliozat, *L'Intelligence du cœur*, *op. cit.*

Ce sont des exutoires sains pour les émotions intenses et cela favorisera également le développement de compétences d'autoexpression[13].

L'accompagnement respectueux du perfectionnisme
Encouragez votre enfant à voir ses erreurs comme des occasions d'apprentissage et non comme des échecs. Utilisez des phrases positives pour rediriger son perfectionnisme vers des objectifs atteignables.

En aidant votre enfant à adopter une perspective saine vis-à-vis du succès et de l'échec, vous pourrez réduire son anxiété liée à la performance.

Quels personnages incarner avec un enfant sensible ?

Accompagner un enfant sensible tout en installant une autorité parentale bienveillante peut être réalisé de manière efficace en utilisant certaines stratégies. Le Chat et le Justicier sont les principaux personnages à incarner. Les autres ne sont pas à négliger pour autant. Avec l'enfant sensible, le Dragon peut aussi manifester ses limites à condition de bien contrôler vos mots, l'impact de vos paroles, ainsi que votre puissance vocale.

Maintenir une autorité sur un enfant très sensible nécessite de combiner empathie et fermeté. La posture parentale doit être bienveillante mais claire, en utilisant à bon escient la voix, le regard et les gestes pour établir et maintenir cette autorité.

13. Catherine Gueguen, *Pour une enfance heureuse*, *op. cit.*

MON EXPÉRIENCE D'ENSEIGNANTE

En tant qu'enseignante, j'ai eu l'occasion de travailler avec de nombreux enfants aux personnalités et besoins variés. L'un de mes élèves, Gabriel, était un petit garçon particulièrement sensible. Dès le premier jour, j'ai remarqué qu'il avait une forte réaction émotionnelle à son environnement, ce qui le bouleversait facilement ou le rendait parfois anxieux.

Pour aider Gabriel à se sentir en sécurité et à l'aise dans la classe, j'ai mis en place plusieurs pratiques spécifiques. Par exemple, j'ai instauré un langage non verbal que nous utilisions pour communiquer en secret. Lorsque Gabriel se sentait dépassé, il pouvait discrètement tapoter sa joue avec son petit doigt pour me signaler qu'il avait besoin d'une pause ou d'un moment de calme.

Un jour, pendant une activité de groupe, Gabriel semblait particulièrement tendu., et je lui ai immédiatement accordé la permission de se retirer dans notre coin de lecture pour se calmer. Après quelques minutes de détente, seul, Gabriel est revenu avec un sourire, prêt à participer de nouveau.

Petit à petit, cette approche a non seulement aidé Gabriel à gérer ses émotions, mais a également renforcé notre relation de confiance. Les autres élèves ont également appris à respecter les besoins de Gabriel, créant ainsi un environnement de classe plus compréhensif et inclusif.

Le Chat

Cultivez une attitude bienveillante et empathique

• Maintenez un contact visuel doux mais direct. Le regard est un puissant moyen de communication non verbale. Un contact visuel bienveillant montre que vous faites preuve d'attention et que vous prenez votre enfant au sérieux.

• Utilisez des expressions faciales qui montrent de l'empathie. Par exemple, des sourcils légèrement relevés peuvent indiquer que vous comprenez ce que votre enfant ressent.
• Adoptez une posture ouverte et non menaçante. Par exemple, gardez vos bras détendus à vos côtés ou utilisez des gestes ouverts plutôt que de pointer du doigt.
• Gardez une distance appropriée. Être trop proche peut être intimidant, tandis qu'être trop distant peut sembler détaché. Trouvez un équilibre qui respecte l'espace personnel de l'enfant tout en restant accessible.
• Utilisez des gestes doux pour renforcer vos paroles. Par exemple, une main posée doucement sur l'épaule de votre enfant peut lui apporter du réconfort et du soutien.

Pratiquez la communication non verbale

• Utilisez plutôt des expressions faciales qui reflètent la compréhension et la fermeté. Évitez les expressions sévères ou les sourires sarcastiques.
• Adaptez le rythme de vos paroles et de vos mouvements. Un rythme trop rapide peut sembler stressant, tandis qu'un rythme trop lent peut paraître indécis. Exemple : souriez légèrement lorsque vous commencez à parler pour apaiser votre enfant, mais redevenez neutre pour renforcer votre message.
• Ne refusez jamais un câlin.

Le Justicier

Mélangez bienveillance et fermeté

• Montrez à votre enfant que vous l'écoutez attentivement. Répétez ou reformulez ce qu'il dit pour montrer que vous comprenez ses sentiments.

• Validez ses émotions, mais sans céder sur les règles. Par exemple, vous pouvez dire : « Je vois que tu es fâché de devoir arrêter de jouer. Cependant, il est important de ranger maintenant. »

• Énoncez clairement les conséquences des actions de votre enfant, de manière calme et prévisible. Assurez-vous que les conséquences sont justes et cohérentes. Exemple : « Si tu ne ranges pas tes jouets maintenant, nous ne pourrons pas lire une histoire ce soir. Tu as le choix *(insistez sur le choix pour atténuer une potentielle crise).* »

Le Dragon

Utilisez une voix calme mais ferme

• Évitez de crier ou de parler avec un ton irrité, car cela peut aggraver la sensibilité et l'anxiété de l'enfant. Une voix douce mais assurée montre que vous êtes en contrôle sans être menaçant(e).

• Articulez clairement et utilisez des phrases courtes et simples. Votre enfant comprendra mieux vos attentes, sans confusion.

• Gardez un ton cohérent. Si vous variez inconsidérément le ton de votre voix, cela risque de déstabiliser votre enfant. La constance rassure et montre que vous êtes fiable. Vous pouvez dire, par exemple, d'une voix calme et ferme : « Je comprends que tu sois contrarié(e), mais il est temps de ranger tes jouets maintenant. »

Adoptez un regard direct

Lorsque vous établissez des règles ou des limites, votre regard doit être stable, sans hésitation. Cela renforce votre autorité sans être menaçant(e). Par exemple, pendant que vous donnez un ordre, maintenez un regard bienveillant mais direct, en montrant que vous attendez une réponse ou une action de sa part.

Exemples de postures à adopter sous la figure du Dragon

Moment de conflit
« Je comprends que tu sois en colère, mais nous ne pouvons pas crier. »

Maintenez un contact visuel fixe.

Montrez de la compréhension avec une main ouverte, tout en indiquant une limite avec une main ferme vers le bas.

Établissement de règles
D'une voix ferme et calme : « Il est important que nous respections cette règle. »

Adoptez un regard direct et stable.

Posez votre main sur l'épaule de votre enfant pour montrer du soutien, tout en utilisant l'autre main, ouverte, pour renforcer la règle.

En combinant ces éléments, vous pourrez ainsi instaurer une autorité respectueuse et bienveillante qui réponde aux besoins émotionnels d'un enfant sensible, dans le cadre d'une discipline cohérente et efficace.

UN ENFANT HARCELEUR

Le harcèlement scolaire se définit comme une forme de violence répétée, verbale, physique ou psychologique, qui se produit de manière intentionnelle et soutenue au sein d'un contexte scolaire. Ce comportement est caractérisé par un déséquilibre de pouvoir entre l'agresseur (ou les agresseurs) et la victime, et il vise à intimider, à menacer ou à dominer un individu de manière persistante. Contrairement aux simples chamailleries ou conflits entre pairs, le harcèlement implique une dynamique de domination et d'abus de pouvoir qui peut avoir des conséquences graves sur la santé mentale, émotionnelle et académique des victimes.

Les méfaits du harcèlement scolaire sur les personnes qui en sont victimes sont multiples et peuvent avoir un impact à long terme sur leur bien-être et leur développement.

Quelles peuvent être les conséquences du harcèlement sur un enfant ?

Des problèmes de santé mentale

Le harcèlement scolaire peut entraîner des troubles anxieux, une dépression, une baisse de l'estime de soi et des pensées suicidaires chez la personne qui en est victime[14].

Des difficultés scolaires

L'enfant qui est victime de harcèlement est souvent perturbé dans sa scolarité en raison du stress, de l'anxiété et des troubles émotionnels associés à la situation de harcèlement[15].

14. Gianluca Gini et Tiziana Pozzoli, « Bullied Children and Psychosomatic Problems: a Meta-Analysis », *Pediatrics*, octobre 2013, vol. 132, n° 4, p. 720-729.
15. Andre Sourander, Anat Brunstein, Maria Ikonen *et al.*, « Psychosocial Risk Factors Associated With Cyberbullying Among Adolescents », *Archives of General Psychiatry*, 2010, vol. 67, n° 7, p. 720-728.

Des problèmes relationnels
Le harcèlement peut nuire aux relations interpersonnelles de l'enfant qui en est victime, en l'isolant socialement et en compromettant sa capacité à établir des liens positifs avec ses pairs[16].

Un traumatisme à long terme
Les effets du harcèlement peuvent persister à l'âge adulte, affectant la confiance en soi, les relations personnelles et la santé mentale des anciennes victimes[17].

Des recherches telles que celles menées par le Pr Éric Debarbieux, de l'Observatoire international de la violence à l'école, ont identifié plusieurs facteurs associés au comportement du harceleur. Parmi ceux-ci, on peut citer des problèmes de comportement externalisés, des difficultés familiales, le manque d'empathie et de compétences sociales, ainsi que la recherche de popularité ou de pouvoir au sein du groupe[18].

Le harcèlement scolaire est un comportement sérieux et préjudiciable qui peut avoir des conséquences graves sur les enfants qui en sont victimes. Il est important pour les adultes d'être attentifs et d'intervenir de manière appropriée pour protéger la sécurité et le bien-être des enfants.

---

16. Dan A. Olweus, « Bullying at School: Basic Facts and Effects of a School Based Intervention Program », *Journal of Child Psychology and Psychiatry*, novembre 1994, vol. 35, n° 7, p. 1171-1190.
17. Dieter Wolke, William E. Copeland, Adrian Angold *et al.*, « Impact of Bullying in Childhood on Adult Health, Wealth, Crime, and Social Outcomes », *Psychological Science*, octobre 2013, vol. 24, n° 10, p. 1958-1970.
18. Éric Debarbieux, rapport au ministère de l'Éducation nationale, *Refuser l'oppression quotidienne : la prévention du harcèlement à l'École*, avril 2011.

Comment réagir si votre enfant harcèle les autres

Si vous apprenez par le biais d'un adulte référent (enseignant, animateur, psychologue scolaire, directeur…) que votre enfant s'acharne sur un autre, de façon répétée, sachez qu'une telle annonce n'est jamais faite avec plaisir ni volonté de nuire. Il est crucial qu'en tant que parent vous réagissiez fermement et justement au comportement de harcèlement de votre enfant.

Pour le personnel encadrant, il n'y a aucun bénéfice à dénoncer votre enfant si ce n'est vous informer pour changer les choses et que la situation de harcèlement cesse. Je souhaite le souligner ici car un certain nombre de parents, alertés par une enseignante, n'acceptent pas une telle révélation, accusent celle-ci de mensonge, sont persuadés qu'elle diabolise leur enfant et s'acharne sur lui, ce qui donne un sentiment de toute-puissance à ce dernier et empire la situation.

MON EXPÉRIENCE D'ENSEIGNANTE

Enseignant en CM2, j'avais remarqué que Victor, l'un de mes élèves, se comportait de manière agressive et harcelait certains de ses camarades de classe. Plusieurs plaintes de la part des élèves et des parents ont été portées à mon attention. Lorsque j'ai interpellé Victor, il m'a répondu : « De toute façon, je fais ce que je veux, mon père sera toujours derrière moi. »

J'ai décidé de convoquer les parents de Victor pour discuter de la situation. Je voulais leur faire comprendre la gravité du comportement de leur fils et travailler ensemble pour trouver des solutions.

À cette réunion, les parents de Victor ont réagi négativement. Ils m'ont accusée de mentir et de diaboliser leur enfant, affirmant que Victor ne pouvait pas être un harceleur. Cette attitude défensive a mis à mal mes efforts pour aborder la situation de manière constructive, et m'a fait constater avec effroi que leur enfant avait raison... Ce sentiment de toute-puissance l'encourageait à agir en toute impunité.

Que faire ? J'ai présenté des preuves tangibles du comportement de Victor, y compris des témoignages d'autres élèves et mes propres observations. J'ai aussi joué sur l'empathie des parents, et mon rapport de confiance établi auprès d'eux, en leur rappelant les cas où j'avais pris la défense de Victor lorsqu'il le fallait, qu'il était plus rassurant pour eux que j'agisse de cette façon pour lui permettre d'évoluer dans la bonne voie, avant son entrée au collège, où le rapport aux autres devient davantage conflictuel, en sécurisant ainsi ses codes sociaux pour une meilleure intégration.

J'ai aussi insisté sur le fait que mon discours et ma motivation n'étaient pas dans une optique d'acharnement contre Victor, mais bien une preuve de mon devoir et de mon impartialité pour le bien-être de mes élèves. En tant que parents, ils devaient garder à l'esprit que cette démarche prouvait que je pourrais faire de même si Victor était la victime, répondant à la demande légitime d'une autre famille.

J'ai aussi encouragé les parents à participer activement au processus de changement en discutant régulièrement avec Victor de ses progrès et en renforçant les comportements positifs à la maison.

En vain. Ils restaient persuadés que je m'acharnais contre leur enfant et que je n'acceptais pas son tempérament « franc » et « honnête ».

J'ai donc décidé d'agir en interne, pour le bien des élèves victimes du comportement de Victor. J'ai proposé un plan d'action détaillé pour l'aider à changer son comportement, à comprendre ce besoin d'agir agressivement envers les autres, incluant des séances de médiation avec la psychologue scolaire, des activités de sensibilisation à l'empathie, et un suivi régulier avec le conseiller scolaire.

Mais je suis enseignante, pas thérapeute. Je n'avais ni le temps (étant responsable des apprentissages et du bien-être de 25 autres enfants) ni les moyens et encore moins les compétences d'une thérapeute formée, cela n'est pas mon métier, même s'il en prend régulièrement la forme.

Avec du temps et de la persévérance, Victor a progressivement modifié son comportement. Cependant, ce sentiment de pouvoir agir en toute impunité a grandement ralenti ses progrès. Il n'a donc pu pleinement acquérir, à la fin de l'année, la notion d'empathie, de bien et de mal.

Incarner le Dragon avec un enfant harceleur

Voici quelques solutions fermes et justes, que seul le Dragon peut incarner, accompagnées d'exemples de sanctions appropriées.

Communiquez clairement vos attentes

- Il ne s'agit pas là d'une petite bêtise, c'est un délit. Pensez à l'enfant victime et pensez à ses parents. Expliquez à votre enfant que le harcèlement est inacceptable et qu'il peut avoir de graves conséquences sur les autres enfants (voir le tableau p. 204-205). Citez-les concrètement.
- Demandez à votre enfant de s'excuser auprès de la victime et de lui expliquer en quoi son comportement était inapproprié (par écrit ou à l'oral).
- Ensuite, fixez des conséquences claires en cas de récidive, comme la perte de privilèges pendant une période déterminée.

• Ne négociez pas, ne vous mettez en aucune façon en situation d'infériorité, que votre enfant ait 9 ans (début de la maturité émotionnelle pour harceler consciemment quelqu'un) ou 16 ans.
• Si, lors de cette explication, vous êtes deux adultes, jouant un rôle crucial dans son éducation, votre discours sera davantage marquant.

Favorisez l'empathie de votre enfant et sa compréhension

• Encouragez votre enfant à réfléchir à l'impact de ses actes sur les autres en lui demandant quels peuvent être les sentiments et les ressentis de la victime.
• Vous pouvez demander à votre enfant de rédiger une lettre d'excuses sincère, personnelle, à la victime, exprimant sa compréhension des conséquences de son comportement et son engagement à faire mieux à l'avenir.

Surveillez et intervenez activement

• Demandez à votre enfant de s'assurer du bien-être et de la protection de son ancienne victime, dites-lui que vous vérifierez cela au travers de témoignages d'enseignants, d'enfants témoins, de l'enfant concerné et de ses parents. (Les moyens mis en place doivent être proportionnels à la gravité de l'acte.)
• Surveillez de près les interactions de votre enfant ou adolescent avec ses pairs et intervenez rapidement si vous remarquez des signes de comportement de harcèlement.
• Mettez en place un système de surveillance étroit pour vérifier régulièrement les interactions en ligne et hors ligne de votre enfant. Si vous détectez des comportements de harcèlement, prenez des mesures immédiates pour les faire cesser et appliquez des sanctions appropriées.

Encouragez la responsabilisation et la réparation

- Encouragez votre enfant à assumer la responsabilité de ses actions et à prendre des mesures pour réparer les dommages causés à la victime.

Par exemple, impliquez-le dans des activités de sensibilisation ou de service communautaire qui visent à prévenir le harcèlement et à soutenir les victimes. Cela peut inclure la participation à des programmes de sensibilisation à l'école ou le soutien à des organisations locales de lutte contre le harcèlement.

En adoptant des solutions fermes et justes, vous pouvez aider à prévenir et à mettre un terme au comportement de harcèlement chez votre enfant tout en favorisant sa responsabilisation et son développement social et émotionnel[19]. Il est également important de fournir un soutien continu à la victime et de travailler en collaboration avec l'école et d'autres intervenants pour aborder efficacement le problème.

19. Voir Philippe Négaret, *Les Ateliers d'empathie : une méthode à pratiquer en famille pour favoriser la coopération et lutter contre le harcèlement*, Solar, 2024.

Épilogue

En tant que parent, vous pouvez donc endosser différents rôles pour guider, soutenir et éduquer votre enfant. Théâtraliser ces rôles peut non seulement renforcer votre autorité bienveillante, mais aussi rendre vos interactions plus engageantes et mémorables pour vos enfants.

La Bonne Fée qui récompense

En endossant le rôle de la Bonne Fée, vous pouvez célébrer les réussites et les comportements positifs de votre enfant. Offrir des récompenses, qu'elles soient matérielles ou symboliques, renforce la confiance en soi et la motivation.

L'Âne qui fait rire

L'humour est un outil puissant pour détendre l'atmosphère et créer des souvenirs joyeux. En jouant le rôle de l'Âne qui fait rire, vous montrerez à votre enfant qu'il est important de prendre les choses avec légèreté et de trouver le rire même dans les moments difficiles.

Le Dragon qui gronde

Il représente l'autorité ferme, nécessaire, pour instaurer des limites et des règles. Utilisez une voix grave et des expressions sérieuses pour marquer l'importance des règles à respecter. Cependant, il est essentiel d'expliquer clairement pourquoi ces règles existent et comment elles aident à maintenir l'harmonie et la sécurité.

Le Justicier qui protège

Endosser le rôle du Justicier, c'est montrer à votre enfant que vous êtes toujours là pour le protéger et défendre ses droits. Ce rôle est essentiel pour instaurer un sentiment de sécurité et de justice. Utilisez des gestes assurés et des paroles rassurantes pour faire comprendre à votre enfant que vous êtes son allié fidèle.

Le Chat qui aime

Le Chat représente la douceur et l'affection inconditionnelle. En jouant ce rôle, vous montrerez à votre enfant qu'il est aimé et accepté pour ce qu'il est. Les câlins, les mots doux et les moments de tendresse, le temps de qualité, l'intérêt porté aux passions de votre enfant renforcent les liens affectifs et répondent au besoin d'amour de votre enfant.

Adopter et théâtraliser ces 5 postures d'autorité peut enrichir votre relation parent-enfant. Chacune de ces figures apporte une dimension différente à l'éducation, permettant à votre enfant de grandir dans un environnement équilibré, où règnent amour, sécurité, joie et respect des règles. En utilisant l'art de la théâtralisation, vous pouvez transformer des moments quotidiens en souvenirs précieux et en leçons de vie inestimables.

Remerciements

Je tiens à adresser mes remerciements en particulier à mes parents et grands-parents dont l'éducation bienveillante et pleine de fantaisie a pu inspirer grand nombre des exemples de ce livre.

Un grand merci aussi aux directrices, collègues enseignants et conseillères pédagogiques bienveillantes que j'ai pu croiser dans l'exercice de mes fonctions. Ils m'ont encouragée, soutenue et inspirée dans la création de ces personnages-clés. Leur passion et leur dévouement ont grandement contribué à l'aboutissement de ce projet.

Enfin, mes remerciements vont également à tous mes élèves et leurs parents, pour leur confiance et pour m'avoir donné l'opportunité de mettre en pratique cette méthode. L'évolution de mes élèves et les retours de leurs parents m'ont permis de questionner, d'approfondir et de mettre en perspective ce travail.

Table des matières

Direction : Didier Férat
Direction éditoriale : Lama Younès-Corm
Édition : Stéphanie Taro / Collaboration à l'écriture : Catherine Jardin
Correction : Michèle Aguignier
Illustrations : Agathe Trousset / Couverture : Marina Delranc
Mise en pages : Littopia / Fabrication : Laurence Duboscq

ISBN : 978-2-263-18790-2 / Code éditeur : L18890/01
Dépôt légal : septembre 2024 / Imprimé en France par Normandie Roto Impression s.a.s. (2403769)

Retrouvez-nous sur www.lisez.com
Solar, un département d'Édi8
92, avenue de France, 75013 Paris
serviceclients@lisez.com